Igor Warneck

Runengeflüster

Das verborgene Wissen des Runenorakels

Arun

Titelbild: Unser Titelbild transportiert auf humorvolle und hintergründige Weise eine mehrdeutige Runensymbolik. Die Einäugigkeit symbolisiert die göttliche Weitsicht Odins, der Schlapphut das Wandern zwischen den Welten und der Fliegenpilz die schamanische Ekstase und das initiatische Wissen, das man durch den rechten Gebrauch des göttlichen Soma erlangen kann. Diese Attribute des germanischen Gottes Odin–Wotan kennzeichnen auch den Runenmeister, denn selbst Allvater Odin mußte sich das Wissen um die Runen durch eine harte initiatische Prüfung erst verdienen.

Die Deutsche Bilbliothek - CIP-Einheitsaufnahme
Warneck, Igor:
Runengeflüster : das verborgene Wissen des Runen-
orakels / Igor Warneck. - Engerda : Arun, 1999
ISBN 3-927940-40-2

Copyright © 1999 by Arun-Verlag für die deutsche Ausgabe.
2. Auflage (2. - 4 Tsd.)
Arun-Verlag, Ortsstr. 28, D-07407 Engerda,
Tel: 036743/233-0, Fax: 036743/233-17
e-mail: info@arun-verlag.de; Internet: www.arun-verlag.de
Titelbild: Igor Warneck.
Gesamtherstellung: Hubert & Co., Göttingen

ISBN 3-927940-40-2

Inhaltsverzeichnis

Danksagung

Ich möchte allen Menschen danken, die mich auf dem Weg durch mein Leben begleiten, oder eine Zeit lang begleitet haben. Besonderer Dank gilt meiner Gefährtin Steffi Seidler-Lutz, deren Ideen und Anregungen dieses Buch letztendlich zu verdanken ist. Sie war es, die mich darauf hinwies, daß es ein solches Buch noch nicht auf dem Markt gibt, es aber für Einsteiger in die Runenweisheiten dringend erforderlich wäre. So setzte ich mich hin und begann zu schreiben. Zur Buchmesse 1998 fand sich dann beinahe zufällig ein Verleger und eben diesem möchte ich auf diesem Wege auch für seinen Mut danken, ein solches Buch zu verlegen.

Vorwort

Noch vor wenigen Jahren wäre mir das Schreiben eines solchen Buches unmöglich gewesen. Ich war der Überzeugung, daß jeder Mensch seinen ganz individuellen Weg zu den Runen finden sollte und es keinen Sinn mache, ihn durch Kurzinterpretationen, die nicht seinem Geiste entsprungen waren den Eindruck zu verleihen, er verstünde etwas von Runen. Doch die Zeiten und Einsichten ändern sich. Selbstverständlich kann ein Buch mit Interpretationen und Beispiellösungen aus einem Menschen keinen Wahrsager machen, das sehe ich auch heute noch so, aber es kann einen ersten Schritt darstellen, dem dann anschließend vielleicht viele weitere Schritte folgen, die sodenn individuell und auf den betreffenden Menschen zugeschnitten sind.

Vielleicht ergibt sich zu einem späteren Zeitpunkt einmal die Gelegenheit ein allumfassendes Grundlagenwerk über die Runen zu verfassen und auch einen mutigen Verleger für dieses Unterfangen zu gewinnen, in dem einmal alle bekannten und alle möglichen Wege zu den Runen beschrieben werden können, sowie nicht nur auf Teilaspekte eingegangen wird, sondern auf wirklich alle möglichen Aspekte der Anwendung der Runen. Auch nach 10 Jahren intensiver Beschäftigung mit den Runen ergaben sich immer noch neue Sichtweisen und Interpretationen, neue Erkenntnisse und wahrscheinlich hält dies ein Leben lang an.

Wenn Sie sich also auf den Runenweg begeben, dann stehen Ihnen viele Abenteuer bevor. Eines dieser Abenteuer ist sicherlich die Anwendung der Runen als Orakel und eben auf dieses wollen wir in diesem Buch eingehen.

Möge es Ihnen und Ihren Lieben dabei helfen, hinter den Schleier des alltäglichen Lebens zu schauen und Sie auf die eine oder andere Art und Weise glücklicher und zufriedener mit sich und Ihrem Leben machen.

Geschrieben im Vogelsberg während der Rauhnächte 1998/99

Igor Warneck

Einführung

Das Studium der Runen ist eine langwierige Angelegenheit. In unserer heutigen Zeit möchten wir schnell Ergebnisse sehen, schnell einen Erfolg haben. Schnelligkeit und Runen – hier prallen beinahe zwei Gegensätze zusammen, denn bevor Schnelligkeit und Runen zusammenpassen braucht es Wissen und dieses braucht bekanntlich wieder seine ganz individuelle Zeit.

Dieses Buch liefert Ihnen die Möglichkeit zu einem schnellen Ergebnis zu kommen und das Wissen der Runen anzuwenden. Dieses Wissen kann aus oben beschriebenen Gründen selbstverständlich nicht sehr weit in die Tiefe gehen, doch es kann Ihnen einen Eindruck verschaffen und verleitet Sie auf diesem Wege vielleicht zu einem tiefergehenden und sicherlich lohnenswertem Studium. Die Orakelkunde ist nur ein kleiner Teilaspekt der Runenkunde, doch auf diesen wollen wir uns hier beschränken.

Doch auch für die Leser, die tiefer und traditioneller in die Materie des Runenorakels einsteigen möchten, bietet dieses Buch eine Anleitung. Ich stelle Ihnen das traditionelle Runenorakel, so wie es wahrscheinlich unsere Ahnen betrieben haben, vor und wünsche mir natürlich, daß es trotz seiner Komplexität Anklang findet.

Wie bei allen Orakeln müssen Sie sich letztendlich Ihren eigenen Kontext erarbeiten; wie dies funktioniert wird am Ende des Buches beschrieben werden.

Für ein ausführlicheres Studium der Runen und ihrer vielfältigen Anwendungsmöglichkeiten empfehle ich Ihnen das von mir im Schirner–Verlag (Darmstadt) erschienene Buch *Ruf der Runen*.

Beachten Sie auch die weiterführende Literatur am Ende des Buches.

I.

GRUNDWISSEN

Grundwissen

Die Runen

Runen sind germanische Schriftzeichen, die etwa um den Beginn unserer christlichen Zeitrechnung, aus Alphabeten der Mittelmeersprachen und aus älteren germanischen Symbolzeichen gebildet wurden. Bis zum 5. Jahrhundert hat sich dann eine weitgehend einheitliche Runenschrift entwickelt, die aus 24 Runen besteht und als Älteres Futhark (benannt nach den ersten 6 Lauten) bekannt ist. Dies ist die wissenschaftliche Deutung.

Was bedeutet das Wort Rune?

Altenglisch:	*runian*	(»flüstern«)
	leodrunan	(»Liedrunen«)
Althochdeutsch:	*rune*	(»Geheimnis«, »Mysterium«)
Modernes Deutsch:	*raunen*	(»Geheimnisse flüstern«)
Altirisch:	*run*	(»Geheimnis«)
Altnordisch:	*runar*	(»Mysterien«)
Skaldisches Altisländisch:	*runi*	(»Freund«, »Gefährte«, »Berater«)
	runnr	(»Waldland«)
Mittelwalisisch:	*rhin*	(»magischer Zauber«)
Finnisch:	*runo*	(»Lied«, »Gesang«, »Beschwörung«)

(Quelle: Helrunar, Jan Fries, Edition Ananael 1997)

Die Herkunft der Runen

Die Herkunft der Runen liegt immer noch im Dunkel der Geschichte. Die wissenschaftlichen Theorien können sich nicht einigen, ob und wenn aus welcher der Mittelmeersprachen die Runen entstanden sind, oder ob es sich um eine Eigenentwicklung der germanischen und keltischen Stämme handelt. Vielleicht wird die Forschung der kommenden Jahrzehnte mehr Licht in dieses Dunkel bringen.

Die Edda gibt uns im Havamal einen sehr klaren Hinweis, woher die Runen kommen, nur kann sich dieser bei den Wissenschaftlern nicht als Beweis etablieren, da er in den Bereich des Mythos gehört.

In der 80. Strophe des Havamal (Das Lied des Hohen) lesen wir:

Þat er þa reynt,

er þv at rvnom spvrr

enom reginkvnnom,

þeim er gordo ginregin

oc fáði fimbvlþvlr,

þa hefir hann bazt, ef hann þegir.

(Sæmundar Edda von Sophus Bugge, Ausgabe von 1867 in norwegisch.)

Hier nun die Antwort auf Deine Frage nach den Runen

Geritzt von den Göttern,

Geschaffen von Allvater,

Geschickt von Fimbulthulr:

Es ist das Beste für Menschen still zu bleiben.

(freie Übersetzung aus dem norwegischen von Igor Warneck)

Allvater ist ein Beiname des Gottes Odin. Fimbulthulr bedeutet "mächtiger Redner" und ist ebenfalls eine Kenning der Skalden für den Gott Odin. Odin ist also der Schöpfer der Runen.

Auf zwei schwedischen Runensteinen, dem von Noleby und dem von Sparlösa finden wir noch einen Hinweis über die Herkunft der Runen: RUNAR RAGINU-KUNDU, das heißt "Runen, die von den Göttern stammen".

Die vier bekanntesten Futharke

Wir werden in diesem Buch mit dem Älteren Futhark arbeiten, welches aus 24 Runen besteht. Es war von 500 n.u.Z. bis ins späte Mittelalter aktuell.

Parallel dazu entwickelte sich etwa ab dem 8. Jahrhundert eine Runenschrift, die nur aus 16 Runen bestand und die wir das Jüngere Futhark nennen. Warum es zu einer Verkürzung kam, konnte bis heute nicht begründet werden. Manche Runenforscher vermuten, daß es sich hierbei um einen Verstümmelungsversuch gehandelt haben könnte, der im Zuge der Christianisierung die alten Quellen entstellen wollte.

Weiterhin gibt es noch das Angelsächsische Futhark mit 33 Runen, welches bis ins 10. Jahrhundert gebräuchlich war.

Eine völlige Neuerfindung ist das 18 Zeichen umfassende Armanen-Futhark, welches Guido von List in den 20er Jahren dieses Jahrhunderts "schaute" und welches sich bis heute hartnäckig in Esoteriker-Kreisen hält. Dieses Werk des angehenden Nationalsozialismus wird auch heute noch gern benutzt, obwohl es jeglicher Originalität und vor allem jeglicher Kraft entbehrt. Esoterische Autoren müssen sich ja auch nicht um die Historie kümmern.

Wir benutzen das Ältere Futhark in diesem Buch, weil es für mich das am wenigsten verfälschte und dem Ursprung am nächsten liegende Futhark ist. An der Quelle schmeckt das Wasser bekanntlich am besten.

Die Vielschichtigkeit der Runen

Da die Runen aus einer magisch-bildlichen Tradition heraus entstanden sind und nicht aus einer sprachlichen, wirken die Runen auch auf verschiedenen Ebenen. Ebenso können wir auf mehreren Ebenen mit ihnen arbeiten.

Runen sind Sinnbild, Schriftzeichen, Energieträger, Lautwert und Zauberzeichen zugleich.

Sie werden zum Schreiben, zur Wahrsagerei (Divination) und zum Zaubern genutzt. Wir finden Sie auf Inschriften, Waffen, Amuletten und als Talismane sowie Runenstäbe zur Wahrsagerei.

Der Rahmen dieses Buches würde gesprengt, sollte auf all diese Aspekte eingegangen werden. Dies muß ein späteres Buch darlegen.

Die Wahrsagerei

Das Thema der Wahrsagerei ist mit vielen Vorurteilen und Mißverständnissen behaftet, die ich an dieser Stelle hier einmal beiseite räumen möchte.

Wahrsagerei und die Bibel

In der Bibel lesen wir im 3. Buch Mose:

(26)   *Ihr sollt nichts essen, in dem noch Blut ist. Ihr sollt
nicht Wahrsagerei noch Zauberei treiben.*

und im 5. Buch Mose:

(9)   *Wenn du in das Land kommst, das dir der HERR, dein
Gott, geben wird, so sollst du nicht lernen, die Greuel dieser Völ-
ker zu tun,*

(10)   *daß nicht jemand unter dir gefunden werde, der seinen
Sohn oder seine Tochter durchs Feuer gehen läßt oder Wahrsagerei, Hellseherei, geheime Künste oder Zauberei treibt*

(11)   *oder Bannungen oder Geisterbeschwörungen oder
Zeichendeuterei vornimmt oder die Toten befragt.*

(12)   *Denn wer das tut, der ist dem HERRN ein Greuel, und
um solcher Greuel willen vertreibt der HERR, dein Gott, die Völ-
ker vor dir.*

Warum sollten auch die Wahrsager bei all den vielen Drohun-
gen dieses Buches ungeschoren davon kommen.

Wahrsagerei ist jedoch eine völlig natürliche Geschichte. Es gibt
Menschen, die die Fähigkeit besitzen ohne Zuhilfenahme von Hilfsmitteln, also Tarotkarten, Pendel oder Runen, wahrzusagen. Sie
träumen oder sehen es mit ihrem geistigen Auge; diese Gabe kann
auch nur schwer erlernt werden. Wahrsagerei mit Hilfsmitteln kann
jedoch von jedem Menschen ausgeübt werden, nur das sich eben
die brauchbaren Ergebnisse manchmal erst dann einstellen, wenn

die Person geistig auch gereift ist und die Eingebungen des Ego von denen des höheren Bewußtseins unterscheiden kann.

In früheren Zeiten und auch heute noch, zumindest in den wenigen Kulturen der Naturvölker, ist die Zukunftsschau oder der Gang zum Wahrsager noch völlig legitim. Meist übernimmt der örtliche Schamane den Job des Wahrsagers. Warum auch sollte man die Gaben dieser Menschen nicht nutzen? Was spricht dagegen? Die Allmacht der Kirche vielleicht? Aber wenn Gott so groß ist, so wird er bestimmt ein bißchen seiner Macht an die Wahrsager abgeben können.

In der heutigen Zeit ist das Thema der Wahrsagerei immer noch ein bißchen anrüchig. Fast jeder war schon einmal bei einem Wahrsager, auch wenn man es nicht gerne zugibt und viele möchten auch daran glauben, erkennen dabei jedoch nicht, daß es sich um Wissen und nicht um Glauben handelt.

Wahrsagerei und Schwarze Magie

Beides hat nichts miteinander zu tun. Durch einen Blick in die Runen werden Sie sich und auch anderen keinen Schaden zufügen. Vorausgesetzt Sie, sowie alle anderen Menschen auch, benutzen noch Ihren Verstand zum Denken und bleiben trotz der Grenzerfahrung realistisch.

Wahrsagerei und Hörigkeit

Verlassen Sie sich nie auf Prophezeiungen, die Ihnen ein bestimmtes Ereignis zu einem bestimmten Zeitpunkt in der Zukunft voraussagen wollen. Es besteht zwar die Möglichkeit, daß es stimmt, aber vielmehr besteht die Möglichkeit der "selbst erfüllenden Prophezeiung" und Sie produzieren das Ereignis höchstselbst. Behalten Sie trotz aller Erfahrungen und Eindrücke auf diesem Gebiet immer einen kühlen Kopf, verfallen Sie weder in Panik noch Paranoia und denken Sie daran: Sie ganz allein sind Meister

Ihres Schicksals und es ist nicht unabwendbar. Sie gestalten es jeden Tag neu oder haben doch zumindest die Möglichkeit dazu.

Sonstige Gefahren durch Orakeltechniken

Ich kann nicht behaupten, daß Orakel sei ungefährlich. Schließlich besteht die reelle Gefahr, daß sich dadurch Ihr Leben verändert und Sie tiefere Erkenntnisse über sich selbst erlangen. Das mag für ein eingefahrenes Leben vielleicht schon gefährlich sein und das gesamte Umfeld kann sich durch Bewußtseinserweiterung verändern – doch sehe ich diese Gefahr als hinnehmbar an, denn wenn Sie so bleiben wollten wie Sie jetzt sind, dann hielten Sie dieses Buch bestimmt nicht in der Hand.

Sollten Sie so bleiben wollen wie Sie jetzt sind, dann legen Sie das Buch schleunigst wieder weg und schenken Sie es jemanden, der es nötig hat!

Für wen ist das Runenorakel geeignet?

• Für Menschen, die mehr über sich und über die unsichtbaren Zusammenhänge des Lebens erfahren möchten.

Jeder Mensch kann es anwenden und es braucht keine angeborenen Fähigkeiten dazu. Sie können es genauso erlernen wie laufen, sprechen, schreiben.

• Für Menschen, die genügend Mut zum Leben haben.

Grundwissen

Welches Orakel zu welchem Zweck

Das **DREI-EBENEN-ORAKEL** können Sie dafür einsetzen, um eine Momentaufnahme Ihres derzeitigen Lebens oder das eines anderen Fragestellers zu erhalten, oder um einer speziellen Frage ganzheitlicher auf den Grund zu gehen. Es beleuchtet die materielle, emotionale und geistige Ebene des Fragestellers.

Das **URD-VERDANDI-SKULD-ORAKEL** können Sie einsetzen, um Klarheit in Ursache und Wirkung einer Situation zu erhalten: Was war die Ursache? Wie sieht es jetzt aus? Und was wird daraus werden?

Die **EINZELRUNEN-BEFRAGUNG** bietet sich an, wenn man schnell einmal eine Antwort zu einer Situation oder Entscheidung benötigt.

Das **TRADITIONELLE RUNENORAKEL** ist für Fragen tiefergehender Natur gedacht, die das Leben tiefgreifend verändern. Da es mit einem erheblichen Aufwand betrieben wird und auch einiges an Grundkenntnissen in Runenkunde sowie anderen Disziplinen abverlangt, eignet es sich eher für Fortgeschrittene.

Die runische **NAMENSDEUTUNG** können Sie anwenden, um mehr über Ihren Ursprung und Ihren Platz im Leben zu erfahren. Sie erfahren weiterhin auch, wie Sie im allgemeinen mit Problemen umgehen.

Das Errechnen der **GEBURTSRUNE** zeigt Ihnen, ähnlich einem Sternzeichen, die Kraft, mit der Sie geboren wurden und die Sie ein Leben lang wie ein Stern am Himmel begleitet.

Die Erforschung der **NAMENSRUNE** erleichtert es Ihnen, den tieferen Sinn Ihres Daseins zu ergründen.

Das Errechnen der **PARTNERSCHAFTSRUNE** zeigt Ihnen die Wirkung des Paares, oder einer anderen Gemeinschaft, auf die

Außenwelt. Sie können hier auch ergründen, wie sich Ihr Leben durch einen Partner- oder Firmenwechsel verändern könnte.

Im runischen **BEZIEHUNGSORAKEL** gewinnen Sie Klarheit über die Kräfte, die von ihnen beiden ausgehen und die sie gegenseitig beeinflussen.

Das Orakel

Wie das Orakel funktioniert

Das Runenorakel wird Ihnen eine Momentaufnahme Ihres derzeitigen Lebens liefern, oder des Lebens eines anderen Fragestellers. Beschränken Sie sich bei der Fragestellung zunächst auf den gesamten Fokus Ihres Lebens und nicht auf momentane Teilbereiche. Grübeln Sie vor der Ziehung der Runensteine nicht unnötig viel über Ihre Probleme nach, dazu haben Sie anschließend noch Gelegenheit. Werfen Sie erst einmal einen Blick auf das, was Ihnen das Orakel zu sagen hat und beleuchten Sie dann anschließend diese Momentaufnahme in Hinblick auf eventuelle Probleme und andere Fragestellungen.

Sie können das Drei-Ebenen-Orakel für Blitzlichtaufnahmen Ihrer momentanen Situation ebenso verwenden, wie für spezielle Fragen. Die Vorgehensweise bleibt die gleiche.

Ein wichtiger Ratschlag

Wir neigen oft dazu bei verschiedenen Autoren nachzuschauen, was denn nun eine Rune bedeutet, wenn wir sie gezogen haben. Prinzipiell ist dagegen auch nichts einzuwenden, aber es wird Sie nur unnötig verwirren. Befragen Sie das Orakel immer nur mit einem System, einem Buch. Jeder Autor hat seine eigenen speziellen Systeme und Antworten. Wenn Sie eine Antwort nicht verstehen wird es Ihnen auch nicht weiterhelfen in einem anderen Buch nachzuschlagen. Stellen Sie Ihre Frage genauer! Die in Runengeflüster angegebenen Deutungen reichen aus. Sie benötigen keine anderen Bücher für Ihre Befragung. Indem Sie weitere Bücher zuratekiehen, laufen Sie Gefahr, das Orakelergebnis zu beeinflussen.

Aufeinander abgestimmte Komponenten funktionieren besser, als zufällig zusammengestellte. Aus diesem Grund möchte ich Ihnen raten, sich vorerst nur auf die Deutungen in *Runengeflüster* zu konzentrieren und das Orakel auch unter Berücksichtigung der Absicht zu befragen, *Runengeflüster* zu benutzen.

II.

DAS

DREI-EBENEN-ORAKEL

Sein Gefühlsleben verlief ruhig und mit einem wohligen Gefühl in der Magengegend. Seine Partnerschaft erfüllte ihn und
brachte nach vielen Jahren emotionaler Getriebenheit nun endlich
Ruhe in diesem Bereich, die er sehr genoß. Nach zahlreichen Partnerschaften war nun einmal das Glück der Monogamie angesagt
und aus der Beständigkeit, die er nun an den Tag legte, sollte sich
etwas neues, größeres entwickeln.

JERA - Auf der spirituellen Ebene: Die Zeit der Ernte ist ge-
kommen. Sie sind auf Ihrem spirituellen Weg nun ein gutes Stück
weitergekommen. Genießen Sie das Erreichte und gönnen Sie sich
etwas Gutes, als Belohnung, für den zurückgelegten Weg.

Jan hatte sich in letzter Zeit wenig um seine spirituelle Entwicklung gekümmert, weniger als noch vor ein paar Monaten. Viel
Büroarbeit hatte ihn davon abgehalten und irgendwie bestand wohl
auch nicht die Notwendigkeit, sich darum zu kümmern. Vor kur-
zem hatte er jedoch eine zündende Idee, in welche Richtung sich
sein spiritueller Weg weiterentwickeln könnte und dieser Weg zeichnete sich nun immer deutlicher vor ihm ab. Es machte wieder Spaß,
sich mit anderen Menschen darüber auszutauschen und irgend etwas kam in Bewegung.

Bedeutung der einzelnen Runen im *DREI–EBENEN–ORAKEL*

FEHU

Auf der materiellen Ebene:

Sie müssen sich keine Gedanken um Geld oder materielle Dinge machen. Alles was Sie zur Zeit benötigen ist vorhanden. Nutzen Sie die Gelegenheit und schöpfen sie aus der vorhandenen Sicherheit auch Energie durch zeitweilige Ruhepausen. Wenn Sie das Gefühl haben, gerade zuviel Kraft zu haben, vergeuden Sie diese nicht, (lassen Sie die Kraft nicht verpuffen), sondern setzen Sie sie gezielt ein: Dabei ist es egal, ob Sie Holz hacken oder joggen gehen.

Auf der emotionalen Ebene:

Wenn Sie sich nicht so fühlen, als säßen Sie auf einem Vulkan, dann haben Sie sich gerade verliebt oder eine andere Gefühlswallung begleitet Ihr Tagwerk. Nutzen Sie diese Energie, seien Sie leidenschaftlich in allem was sie tun und hören Sie auf Ihr Feuer immer wohl dosiert anzuwenden, das führt zu *innerlichen Verbren-*

nungen. Sei es nun Wut oder Lebenslust, bremsen Sie beides nicht aus.

Auf der spirituellen Ebene:

Der Ursprung aller Dinge ist Ihnen gerade sehr nah: Das Ur–Feuer, aus dem alles Leben und Sein entstand, begleitet Sie gerade. Es handelt sich dabei um reine Energie und es liegt nun an Ihnen, wie Sie diese umsetzen und anwenden. Es ist jetzt eine gute Zeit, um den spirituellen Willen in die Tat umzusetzen, somit Zauber zu wirken. Kontrollieren Sie auch ihren Energiehaushalt; ein zuviel an magischer Energie will vielleicht ausgeglichen werden.

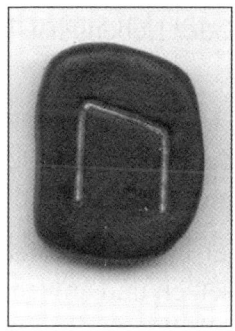

URUZ

Auf der materiellen Ebene:

Ihre Ideen haben nun eine Form bekommen oder verlangen nach einer. Gestalten Sie die Form lebendig und nicht zu starr, sonst kann die Energie nicht fließen und die Form zerbricht. Seien Sie kreativ und beschäftigen Sie sich besonders mit den Elementen Erde und Feuer. Sie brauchen sich um materielle Dinge zur Zeit keine Sorgen zu machen, wenn Sie imstande sind das Vorhanden zu gestalten und durch die Form in die von Ihnen gewünschte Richtung zu lenken. Schenken Sie Ihrem Körper die Aufmerksamkeit, die er braucht und gehen Sie pfleglich mit ihm um, er soll sie schließlich ein Leben lang begleiten.

Auf der emotionalen Ebene:

Sperren Sie Ihren Willen nicht ein, lassen Sie Ihren Instinkten in einem gesunden gesellschaftlichen Rahmen freien Lauf. Es ist eine Zeit, in der Sie nicht unbedacht kämpfen sollten, jedoch wachsam darauf achten, daß sie auf Provokationen ihrem Wesen nach angemessen reagieren, um nicht an bei einer falschen Gelegenheit zu explodieren. Der Ärger mit Ihren Arbeitskollegen gehört nicht ihrem Lebenspartner! Wenden Sie sich in ihrer Partnerschaft, oder wenn Sie alleine leben, mehr den sinnlichen Aspekten des Lebens zu.

Auf der spirituellen Ebene:

Es ist jetzt nicht die Zeit für spirituelle Höhenflüge. Sie stehen mit beiden Beinen fest auf der Erde und sind gerade dabei, oder sollten dies tun, ihre spirituellen Ziele zu manifestieren. Dies wird Ihnen in dieser Zeit sehr gut gelingen.

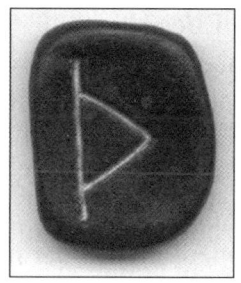

THURISAZ

Auf der materiellen Ebene:

Schützen Sie, ohne überängstlich zu werden, Ihren Besitz. Es ist jetzt keine gute Zeit für Spekulationen oder andere Finanzgeschäfte. Finanzielle Angelegenheiten wollen derzeit wohlüberlegt sein! Lassen Sie sich nicht von Banken oder großen Firmen übers Ohr hauen. Es kann auch sein, daß sie Ihren Besitz verteidigen müssen. Vermeiden Sie besonders Streß und lassen Sie es nicht zu, daß sich Aggressionen anstauen.

Auf der emotionalen Ebene:

Fühlen Sie sich ängstlich oder angegriffen? Gehen Sie diesem Gefühl nach und finden Sie heraus woher es kommt. Sie haben genügend Kraft um sich zu wehren, doch seien Sie nicht unbedacht und zerstörend. Manchmal hat sich einfach auch nur ein Übermaß an negativen Gefühlen angestaut und Sie wissen nicht mehr, wie Sie diese Flut kanalisieren sollen. Gehen Sie in den Wald, schreien oder weinen Sie und bringen Sie den Willen auf, die Situationen, die Sie gerade belasten, konstruktiv zu verändern. Verändern Sie Ihre innere Einstellung, die Gedanken zu der Situation, die Ihnen nicht behagt und geben Sie sich selbst ein Ziel, einen Weg aus der Misere vor. Tun Sie es bald!

Auf der spirituellen Ebene:

Sie verfügen derzeit über ein großes Potential an zerstörerischer Energie. Betrachten Sie diese als Werkzeug und nicht als ethisches Hindernis. Nutzen Sie diese Energie und lassen Sie sich nicht von der Energieform benutzen. Es gibt mit Sicherheit einen Auslöser für Ihre Wut. Nutzen Sie diese Phase Ihres Lebens dazu, sich auch einmal den Teil in sich anzuschauen der nicht immer liebevoll ist, sondern der seine Energie auch zerstörend einsetzen kann. Wenn Sie nicht dazu neigen, Schadenszauber zu wirken oder anderweitig destruktiv zu sein, dann wandeln Sie diesen Zustand um, indem Sie die enorme Energie dafür nutzen eine lange Wanderung oder ähnliches zu machen. Im Moment bestimmt Ihr Körper das Leben: Nutzen Sie Ihre Macht.

ANSUZ

Auf der materiellen Ebene:

Sie fühlen sich leicht und beflügelt, wenn Sie ihrem Geist folgen und sich von ihm inspirieren lassen. Vielleicht ist es auch an der Zeit einmal dem, was wir nicht ermessen können, doch was unser Leben immerdar begleitet, einfach zu vertrauen und die Führung dem *Leben* oder einem ihrer persönlichen Gottheiten zu übergeben. An Ideen für gute Geschäfte wird es Ihnen jetzt nicht fehlen, nutzen Sie dieses Geschenk.

Auf der emotionalen Ebene:

Die derzeit herrschende gedankliche Klarheit wirkt sich heilsam auf Ihr Seelenleben aus. Sie kommen sich selbst vielleicht etwas zu kühl und unnahbar vor, doch eine ruhige und nicht aufgewühlte Seele bedeutet noch lange nicht, keine Gefühle zu haben. Der Wind kommt gerade eben nur aus einer anderen Richtung und sorgt dafür, daß Sie mit ihren Emotionen gelassener umgehen können als sonst und sie einmal aus einer höheren Warte zu betrachten vermögen. Nutzen Sie die Gelegenheit für Meditation und Besinnung, oder wenn Ihnen danach ist, für eine Analyse.

Auf der spirituellen Ebene:

Jetzt ist eine ausgezeichnete Zeit dafür mit Ihrer spirituellen Entwicklung, in welche Richtung Sie auch immer gehen möchten, fortzufahren und vor allem voranzukommen. Der Zugang zur geistigen Welt fällt jetzt leichter als sonst. Nutzen Sie diese Zeit für Inspiration und Gebet. Begeben Sie sich zum Brunnen der Erkenntnis und nutzen Sie seine Tiefe. Zur Zeit haben Sie gute Chancen Wege zu finden, die tiefgreifende Veränderungen hervorrufen.

RAIDHO

Auf der materiellen Ebene:

Jetzt ist ein guter Zeitpunkt dafür gekommen, alles zu verwirklichen, was mit Beweglichkeit und Reisen zu tun hat. Ein Umzug oder Wechsel im Beruf, oder eine lange Reise stehen jetzt gerade unter einem sehr guten Stern. Sollte all das in Ihrer momentanen Planung gerade keine Rolle spielen, dann denken Sie doch einmal darüber nach, ob ein solches Unterfangen nicht das Ende einer Unzufriedenheit in Ihrem jetzigen Leben bewirken könnte. Auf alle Fälle ist jetzt nicht die richtige Zeit zum Stillsitzen und Abwarten: Den Wünschen und Plänen wollen nun Taten folgen und Sie müssen sich in Bewegung setzen. Bewegen Sie sich im natürlichen Rhythmus des Lebens mit seinen Hochs und Tiefs und erzwingen Sie keine Veränderungen an Stellen, an denen Sie nicht weiterkommen.

Auf der emotionalen Ebene:

Ihre Gefühle werden in Bewegung gebracht; dies kann durch einen Flirt oder durch frischen Wind in einer bestehenden Partnerschaft geschehen. Es ist auch eine gute Zeit, um die Seele einmal mit all ihren (unerfüllten) Wünschen auf Reisen zu schicken, damit Sie persönlich sich darüber klar werden können, was Ihnen gerade noch zum Glück fehlt. Hierbei geht es jedoch um die Seelen-

wünsche und nicht um materielle Begierden, wie sie sich manchmal durch Unzufriedenheit in anderen, feinstofflichen (eben oft
emotionalen) Bereichen einstellen. Ihre Gefühle hungern nach
Neuem und diesen Hunger können Sie nun leicht stillen, wenn Sie
Veränderungen in ihrem Leben zulassen.

Auf der spirituellen Ebene:

Auch wenn es Ihnen in Ihrem ganzen Leben noch nicht gelun-
gen ist, eine bewußte Geistreise durchzuführen, so steht ein solches Vorhaben doch jetzt gerade unter einem guten Stern. Nutzen
Sie diese Zeit für Visionssuchen und Selbsterkenntnis. Finden Sie
den Rhythmus ihres Lebens in allen Ebenen Ihres Daseins und bemühen Sie sich darum, diese Ebenen miteinander zu verbinden.
Der Geist will auf den Körper wirken, ebenso wie auf die Seele:
Nutzen Sie diesen Umstand und gleichen Sie ihre drei Ebenen einmal aus. Aus dem Gleichgewicht heraus läßt es sich dann viel ent-
spannter leben und handeln.

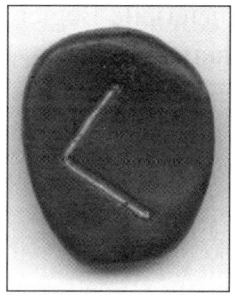

KENAZ

Auf der materiellen Ebene:

Was Sie gesät haben, ernten Sie gerade. Es ist ebenso möglich, daß Sie gerade einen Gerichtsprozeß am Hals haben, als auch mit einer Idee für ein neues Geschäft schwanger gehen, das ihnen alle finanziellen Sorgen nimmt. Ihre vergangenen Taten treten sozusagen derzeit gespiegelt und materialisiert in Ihr Leben. Sie sind aber auch dazu im Stande aktiv Schaden von sich fernzuhalten, wenn Sie die Kraft dieser Rune als Spiegel einsetzen und die *unguten Wünsche*, die Sie eigentlich treffen sollen, an ihren Absender zurückschicken.

Auf der emotionalen Ebene:

Die verdrängten Anteile unserer Persönlichkeit spiegeln sich in unseren Mitmenschen oder Partnern; besonders was uns sehr stark an unseren Gegenüber aufregt, findet sich als *Schatten* in unserem eigenen Inneren. Zur Zeit können eben diese Anteile durch Konflikte mit unseren Mitmenschen ans Tageslicht treten und Verwirrung stiften. Sie können diese Zeit zur Selbsterkenntnis nutzen und ihre verdrängten Anteile für kreative Prozesse einsetzen, da in ihnen eine enorme schöpferische Kraft verborgen liegt.

Auf der spirituellen Ebene:

Manchmal stellt sich bei der spirituellen Weiterentwicklung eine Stagnation ein, dann ist eine Zeit gekommen, in der wir den Eremitenturm verlassen müssen und durch den Austausch mit anderen Menschen zu neuen Erkenntnissen und Wegen gelangen können. Arbeiten Sie mit anderen Menschen zusammen und tauschen Sie sich mit ihnen aus; erkennen Sie sich in Ihrem Gegenüber. Bringen Sie Ihre Spiritualität, Ihre geistigen Kräfte, in die schöpferischen Prozesse anderer Ebenen ein.

GEBO

Auf der materiellen Ebene:

Ihnen werden Geschenke zuteil und Sie beschenken andere Menschen mit Ihrer Freude oder anderen Gaben. Die Rune des Ausgleichs und der Gaben fordert bei dieser Stellung im Runenorakel jedoch auch dazu auf, sich Gedanken über die Verwirklichung der eigenen Gaben zu machen. Schauen Sie sich Ihr Leben an und denken Sie darüber nach, was Ihnen denn zum wirklichen Glück noch fehlt. Sie tragen die Gaben zur Verwirklichung des Glückes in sich, Sie müssen sie nur aktivieren oder erlernen, was Ihnen jedoch leichtfallen wird. Klagen Sie also nicht über fehlende Gaben, sondern machen Sie sich auf den Weg, diese zu erlernen und in Ihr Leben zu integrieren.

Auf der emotionalen Ebene:

In einer bestehenden Partnerschaft werden Sie nun eine Art zweiten Frühling erleben und sich mit ihrem Partner ausgesprochen wohl fühlen. Sie spüren, wie der Austausch funktioniert, fühlen sozusagen die Energien fließen. Sollten Sie gerade allein durchs Leben gehen, ist jetzt eine gute Zeit, um sich zu verlieben. Sie kommen gerade mit sich und Ihrer Umwelt aufs Beste aus. Sie müssen jedoch auch danach schauen, ob Sie bereit dazu sind, die

Geschenke anderer Menschen in Ihr Leben aufzunehmen, denn wenn Sie jede Begegnung abblocken, kann auch keine zustande kommen. Manchmal wird es auch nötig sein, um Hilfe zu fragen, oder danach wie es mit der Liebe steht; lassen Sie die Angst vor einem Nein hinter sich.

Auf der spirituellen Ebene:

Die Energien fließen Ihnen gerade aus der Erde und aus dem Himmel zu, Sie befinden sich im Gleichgewicht. Nutzen Sie diese Zeit, um Kraft zu tanken und vergessen Sie dabei nicht, sie auch mit Menschen auszutauschen, die Ihnen wichtig sind. Nur Energie, die sich bewegt, ist lebendige Energie. Wenn Sie auf dieser Ebene zum *hamstern* neigen, wird das Geschenk des Himmels und der Erde bald verbraucht sein. Sie sollten nicht allein sein.

WUNJO

Auf der materiellen Ebene:

Sie haben jetzt einen Punkt erreicht, an dem Sie es sich erlauben können, die materiellen Aktivitäten für einige Zeit ruhen zu lassen und sich für eine Weile zurückzulehnen. Das Erreichte will nun bewundert werden. Getrost können Sie nun eine Pause einlegen, ohne gleich Angst darum haben zu müssen, das Ihnen alle Felle davonschwimmen. Auch wenn Sie im Moment vielleicht nicht reich an Geld sind, so doch reich an Gaben und ebenso ist es Ihnen möglich, auf eine erfolgreich überstandene Wegstrecke zurückzublicken. Teilen Sie diese Erfahrung und Ihren Genuß auch mit anderen Menschen. Freude zieht sich durch Ihr Leben und möchte sich ausweiten.

Auf der emotionalen Ebene:

Lebensfreude und die Freude über Erreichtes auf der materiellen Ebene bestimmt derzeit Ihr Leben. Sie können sich nun Gedanken darüber machen, wie Sie sich eine Familie vorstellen und diese Wünsche in die Tat umsetzen. Ob es sich hierbei nun um eine Wahlfamilie oder um eine leibliche handelt, ist egal. Es geht hierbei um das Prinzip einer Stammesgemeinschaft und das kann eine Wohngemeinschaft ebenso sein wie eine Familie mit Kindern. Derzeit ist es Ihnen auch gut möglich, da Sie gerade nicht von materiellen Ängsten geplagt durchs Leben gehen müssen, in Ihre innere Tiefe zu gehen und verdrängte Seeleninhalte zu begutachten. Leisten Sie diese Arbeit; sie wird Ihnen auf dem weiteren Weg gelohnt!

Auf der spirituellen Ebene:

Das Glück begleitet Sie. Sie können diese Zeit jetzt dafür nutzen, um Ihre Position im Weltgefüge zu bestimmen. Errichten Sie ihr geistiges Fähnchen und bestimmen Sie damit Ihre eigene Position, sowie Ihre spirituellen Ziele, Aufgaben und Fähigkeiten. Das Errichten dieses Fähnchens macht es sodann anderen Menschen möglich, sich an Sie zu wenden, Sie um Rat zu fragen, etc. Sie bestimmen damit sozusagen Ihren *Fachbereich*. Bleiben Sie mit beiden Beinen auf dem Erdboden und stellen Sie sich Ihren hiesigen Aufgaben.

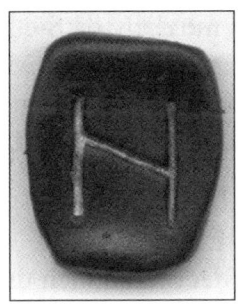

HAGALAZ

Auf der materiellen Ebene:

Wenn gerade in Ihrem Beruf gar nichts mehr geht, oder sich Ihr Kontostand immer mehr in Richtung minus bewegt, dann hat Sie die Hagalaz-Kraft voll erwischt. Das ist kein Grund zur Besorgnis, jedoch sollten Sie einmal sehr gründlich über Ihr Leben nachdenken. Vor allem über die Teile, die sich in Ihrem Inneren abspielen. Es ist nämlich gerade an der Zeit, daß Sie sich mit Ihren Gefühlen, den Wünschen Ihrer Seele auseinandersetzen und die Wege der Seele den Wegen im materiellen Alltag angleichen. Kümmern Sie sich nicht darum, dann wird die unausgeglichene Seelenkraft Ihren Alltag so durcheinanderwirbeln, daß es eben zu Verlusten in diesen Bereichen kommen muß. Ihre Seele hat gerade höchste Priorität. Haben Sie sich bereits intensiv mit Ihren Seeleninhalten beschäftigt, dann stehen Sie jetzt kurz vor dem Durchbruch und es wird Ihnen Hilfe zuteil.

Auf der emotionalen Ebene:

In Ihrem Leben geht es gerade zu wie auf einer Achterbahn. Sie werden von Gefühlen gebeutelt, angenehmen wie unangenehmen. Wenn Ihre Seele nach mehr Aufmerksamkeit verlangt, verschlägt es Sie vielleicht in eine Depression. Werden Sie sich darüber klar, was Ihre Seele will und warum sie krank geworden ist. Befriedigen Sie Ihre Seele und suchen Sie sich Möglichkeiten, das Glück des Lebens wieder zu erfahren. Tun Sie sich etwas Gutes: Ein ausgedehnter Waldspaziergang, ganz allein, wirkt dabei manchmal schon Wunder.

Auf der spirituellen Ebene:

Die Kraft von Hagalaz zeigt Ihnen in Ihrer spirituellen Entwicklung, daß es nicht nur lichte und helle Momente geben kann, sondern es dafür im Ausgleich auch dunkle Zonen geben muß. Ohne Nacht kein Tag. Vielleicht fällt es Ihnen schwer, dies zu akzeptieren, da in vielen spirituellen Schulen ausschließlich Augenmerk auf die *positiven* Kräfte gelegt und dabei völlig mißachtet wird, daß es eben auch *negative* Kräfte gibt. Wenn Sie bei Ihrer spirituellen Entwicklung die Waagschale nur immer in eine Richtung belasten, dann verlangt die andere Seite wie von selbst wieder nach Ihrem Recht. Kümmern Sie sich um Ausgewogenheit und beachten Sie auch die dunklen Seiten des Lebens.

NAUDIZ

Auf der materiellen Ebene:

Manchmal haben wir das dringende Bedürfnis, etwas Großes zu erwerben und möchten dies unbedingt sofort haben, auch wenn das unsere finanziellen Mittel oder unseren Kräftehaushalt viel zu sehr überlasten würde. Da es in der Regel nicht gelingt, uns diesen Wunsch zu erfüllen, werden wir unzufrieden oder unglücklich. Werden Sie sich darüber klar, welchen Mißstand auf einer anderen Ebene, wie zum Beispiel einen Hunger nach Gefühl, sie mit diesem Mammutkauf kompensieren wollen. Ihr Verstand rät Ihnen vielleicht dazu, will Ihnen erklären, daß auf diesem Wege wieder alles gut werden würde, doch er ist in diesem Fall Ihr Gegner auf dem Weg zur Ausgeglichenheit.

Befinden Sie sich gerade in materieller Not, wird sich diese Not bald wenden. Naudiz ist die Rune der Notwende oder der Notwendigkeit. Haben Sie ein wenig Geduld, die momentane Situation wird sich verändern.

Auf der emotionalen Ebene:

Wenn sich die Gefühle verändern und wir uns im Wandel befinden kann es leicht passieren, daß die anderen Ebenen unseres Lebens, wie zum Beispiel materielle Pflichten oder die Disziplin auf der Strecke bleiben, weil wir sie für unwichtig erachten. Bleiben Sie trotz des Wandels im emotionalen Bereich den anderen Bereichen Ihres Lebens treu. Vielleicht verlangt diese momentane Situation es auch, daß Sie sich einmal grundlegende Gedanken um einen Wandel im Gefühlsbereich machen. Stellen Sie sich einfach die Frage, ob Sie wirklich noch glücklich in Ihrer Partnerschaft oder in Ihrem Leben sind. Können Sie die Frage nach dem "Bin ich glücklich" mit einem Ja beantworten, kann von nun an noch alles besser werden.

Auf der spirituellen Ebene:

Vielleicht ist es gerade an der Zeit, daß Sie einen neuen Weg in Ihrer spirituellen Entwicklung einschlagen. Setzen Sie ausnahmsweise einmal Ihren Verstand ein und lassen Sie sich nicht so sehr von Ihren Gefühlen oder Intuitionen bei dieser Frage leiten. Eine Neuorientierung kann notwendig sein, muß aber nicht. Sie werden bei der Beschäftigung mit dieser Frage schon feststellen, in welche Richtung es weitergehen soll. Wichtig ist es, sich diese Frage jetzt zu stellen!

ISA

Auf der materiellen Ebene:

Sie sind sehr konzentriert bei der Sache. Vielleicht versteifen Sie sich aber auch gerade zu sehr auf eine Idee. Gehen Sie flexibel mit Ihren Plänen um und geben Sie somit Ihren Unternehmungen die vielleicht notwendige Beweglichkeit. Tätigkeiten in einer ISA–Konzentration auszuüben ist sehr vorteilhaft, wenn man die Bewegung, die manchmal notwendig sein kann, nicht außer acht läßt. Eine zu heftige Versteifung kann zu hartem Egoismus und Vereinsamung führen. Das Eis konzentriert nicht nur, das Eis kann auch zur Erstarrung führen.

Auf der emotionalen Ebene:

Sie konzentrieren sich derzeit nur auf das Wesentliche im Leben und lassen dabei vielleicht außer acht, daß es auch noch Genuß und Liebe gibt. Wenn Sie sich wie eingefroren vorkommen, sollten Sie wieder mehr Wert auf zwischenmenschliche Kontakte legen und diese pflegen.

Haben Sie hingegen das Bedürfnis alleine zu sein und jetzt zu sich selbst finden zu müssen, dann leben Sie dieses Bedürfnis auch aus.

Auf der spirituellen Ebene:

Sie befinden sich gerade im Zustand einer Eremitage. Dieser Prozeß der Selbstfindung und der Reflektion des dahingleitenden Lebens kann sehr heilsam sein und Sie werden gestärkt daraus hervorgehen. Sollten Sie sich nicht in diesem Zustand befinden, dann streben Sie ihn an und kümmern Sie sich in spirituellen Belangen um das für Sie wesentliche.

JERA

Auf der materiellen Ebene:

Sie haben einen Wendepunkt erreicht, an dem sich der Weg Ihrer Seele dem materiellen Weg angleicht. Hierbei kann es zu Verlusten kommen, aber ebenso auch zu Gewinnen. Dieser Punkt ist unausweichlich, denn was Sie in der Vergangenheit gesät haben, werden Sie jetzt ernten. Bereiten Sie sich auf die Ernte vor und lernen Sie aus den Erträgen.

Auf der emotionalen Ebene:

Beziehungen befinden sich jetzt in einem Stadium der Bewährungsprüfung. In bestehenden Beziehungen werden sich nun Reibungspunkte kristallisieren und wollen ausgelebt werden. Sollten Sie in keiner bestehenden Partnerschaft leben, so kann es gut sein, daß sich auf dieser Ebene neue Wege auftun und Sie vielleicht einen spannenden und ansprechenden Partner kennenlernen. Tragen Sie Ihre Emotionen nach Außen, damit Sie Ihr passendes Gegenüber auch finden kann.

Auf der spirituellen Ebene:

Die Zeit der Ernte ist gekommen. Sie sind auf Ihrem spirituellen Weg nun ein gutes Stück weitergekommen. Genießen Sie das

Erreichte und gönnen Sie sich etwas Gutes, als Belohnung, für den zurückgelegten Weg.

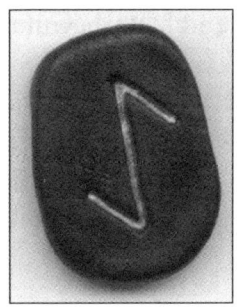

EIWAZ

Auf der materiellen Ebene:

Ihr Leben fühlt sich gerade sehr herbstlich an. Nur für einen spirituell sehr fortgeschrittenen Menschen ist Eiwaz ein befriedigender Zustand: Die Licht- und Schattenseiten des Lebens reichen sich die Hand und der Reisende kann sich in der Oberwelt genauso leicht bewegen wie in der Unterwelt. Es ist eine gute Zeit, um an verdrängte psychologische Inhalte zu gelangen, denn die Tore zu diesen Bereichen sind nun offen. Selbstverständlich kann sich auch Depression breitmachen, wenn die Inhalte der tieferen Bewußtseinsebenen nicht vernünftig verarbeitet werden können.

Mögliche finanzielle oder materielle Verluste, die Sie gerade hinnehmen müssen, möchten Sie darauf hinweisen, daß es im Leben auch noch andere Ebenen gibt, als die materielle. Der Tod ist lediglich die Transformation der Materie. Seien Sie nicht zu verwirrt. Suchen Sie die Ruhe und schöpfen Sie Kraft.

Auf der emotionalen Ebene:

Eiwaz macht sich dadurch bemerkbar, daß man sich ein bißchen hin- und hergerissen fühlt. Gerade war man noch überglücklich, jetzt todtraurig. Versuchen Sie die helle und die dunkle Seite Ihres Lebens näher kennenzulernen und beide Seiten in Einklang

zu bringen. Bewußtsein und Unterbewußtsein können zusammenarbeiten, wenn wir sie kennen! Seien Sie nicht allzu streng mit
sich in diesen Tagen: Manchmal fällt das Leben in solchen Mo-
menten wesentlich leichter, wenn man einmal über sich lacht und
sich ein wenig daran erinnert, wie leicht einem so manches als
Kind gefallen ist. Üben Sie Sorglosigkeit, ohne den Kopf zu verlieren.

Auf der spirituellen Ebene:

Sie haben einen wichtigen Grundsatz begriffen und in ihrem
Leben integriert: Licht ist nur da möglich, wo es auch Dunkelheit
gibt. Sie können Ihre Kraft aus den bewußten und den unbewußten
Inhalten Ihres Lebens schöpfen und Sie brechen nicht gleich zusammen, wenn sich einmal etwas grundlegendes auf der materiellen Ebene verändert. Nutzen Sie die Eiwaz–Kraft in der jetzigen
Zeit dafür, um Ihren Mitmenschen beim Umgang mit Verlusten
aller Art zu helfen, sofern sie dieser Hilfe bedürfen. Aufdrängen
brauchen Sie sich nicht; seien Sie einfach da und stützen Sie da,
wo Sie darum gebeten werden. Je materieller die Welt wird, um so
bedürftiger werden die Menschen nach dieser Form der Hilfe.

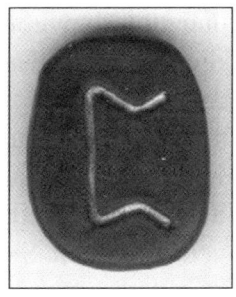

PERTHRO

Auf der materiellen Ebene:

In Ihrem Inneren wachsen wunderschöne Blumen; wir nennen Sie in unserer heutigen Sprache Kreativität. Sie verfügen über einen reichen Schatz inneren Wissens, das Sie nur anwenden müssen. Es ist also eine Zeit, um die Kreativität auszuleben und die Blumen im Garten der Seele zu pflegen. Vielleicht kommt Ihnen der eine oder andere Gedanke verrückt vor, den Sie gerade hegen, aber versuchen Sie ihn doch einmal in die Tat umzusetzen: Sie werden sich wundern! Eine gute Zeit, um neue Wege zu gehen.

Auf der emotionalen Ebene:

Auch auf der emotionalen Ebene können sich Bewegungsabläufe festfahren. Dann fühlen wir uns so, als würde sich alles im Kreis drehen, und wir kämen nicht von diesem einen Gefühl weg. Vielleicht ist die bestehende Liebe aber auch langweilig geworden und ihr fehlt das bewegende Element des Lebens. Jetzt haben Sie die Gelegenheit diesen Zustand zu ändern: Bringen Sie Ihre Phantasien in Ihr Gefühlsleben ein und beflügeln Sie damit Ihre Partnerschaften wieder. Ihr Gegenüber wird es Ihnen danken und Ihre Seele auch. Aus der sich in Ihnen entwickelnden und befreiten Kreativität erwächst nun neues Leben und "es riecht wie Frühling".

Auf der spirituellen Ebene:

Stellen Sie sich vor, Sie könnten wie Odin an Mimirs Quelle unermeßlich Weisheit schöpfen. In diesem Zustand befinden Sie sich gerade. Die Quelle der Weisheit sprudelt gerade in Ihnen, Sie müssen Ihr nur zuhören und das empfangene Wissen in Ihr Leben integrieren. Pflegen Sie diese Quelle, indem Sie sie benutzen und nicht durch Mißachtung verschmutzen. Sie werden sich noch wundern, was alles in Ihnen steckt.

ALGIZ

Auf der materiellen Ebene:

Richten Sie Ihre Aufmerksamkeit einmal auf den Augenblick, in dem Sie gerade leben. Meistens befinden wir uns mit unserem Geist an einem Punkt unserer Vergangenheit oder der Zukunft, aber nie da, wo sich auch gerade unser Körper befindet. Verschmelzen Sie einmal diese beiden Punkte: Ihren Geist und die Gegenwart. Sehen Sie, es fällt heute ganz leicht. Algiz weist uns darauf hin, daß man fast jedes Ziel erreichen kann, wenn man die Gelegenheiten nutzt, die man gerade hat und nicht auf die vertraut, die man vielleicht einmal haben könnte. Ihnen kann zur Zeit nichts passieren, denn Algiz verkörpert neben der Gegenwart auch Schutz.

Auf der emotionalen Ebene:

Vielleicht haben Sie sich in der Vergangenheit ein bißchen viel zurückgezogen: Jetzt ist die Zeit, wieder ins Leben einzutreten und die Gefühle, welche wir durch die Begegnung mit anderen Menschen empfinden, intensiver auszuleben. Es ist so, wie wenn die Sonne aufgeht. Die vergangene Phase des Rückzugs war wichtig für Sie: Jetzt ist die Zeit reif, um die Eremitage zu verlassen.

Auf der spirituellen Ebene:

Sie sind in Ihrer spirituellen Entwicklung einen guten Schritt weitergekommen. Sollten Sie das Gefühl haben zu stagnieren, dann beschäftigen Sie sich jetzt mit Zazen! Dies wird Ihnen bei der Bewältigung der gerade anstehenden Aufgaben helfen. Ich gehe jedoch einmal davon aus, daß Ihnen das Leben in der Gegenwart im Moment nicht so schwer fallen dürfte und dadurch nehmen Sie Ihren neuen Weg wahr, der gerade begonnen hat. Es ist Zeit, das innere Wissen nach außen zu tragen. Sie werden jetzt zum Prophet, aber wichtige Aufgaben Ihrer Entwicklung im Alltag liegen vor Ihnen: Entscheiden Sie sich ernsthaft, welchen Weg Sie weitergehen möchten.

SOWILO

Auf der materiellen Ebene:

Lebenskraft und Sexualität spielen in Ihrem Alltag gerade eine gewichtige Rolle. Werden Sie sich über Ihre Sehnsüchte und Bedürfnisse klar und versuchen Sie diese in die Tat umzusetzen, ohne sich selbst oder einen anderen Menschen zu verletzen. Sollte dies nicht möglich sein, suchen Sie nach neuen Wegen oder treffen Sie eine Entscheidung. Auf keinen Fall macht es Sinn, wenn Sie jetzt Ihre Sexualität oder Lebenskraft einsperren: Dies würde Sie zu sehr aus dem Gleichgewicht bringen. Leben Sie aus, was Sie haben.

Auf der emotionalen Ebene:

Ihre emotionalen Belange stehen unter einem guten Stern. Was Sie in diesem Bereich beginnen, wird positiv verlaufen. Die Sonne der Liebe scheint über Ihnen, genießen Sie die Wärme. Und lassen Sie sich nicht von Ihren unerfüllten Sehnsüchten auffressen.

Auf der spirituellen Ebene:

An Ideen und Inspirationen mangelt es Ihnen im Moment sicherlich nicht. Ein Geistesblitz dürfte den folgenden hervorbringen. Brennen Sie nicht dabei aus, indem Sie all diese Geistesblitze

sofort verwirklichen wollen. Lassen Sie sich Zeit damit und genießen Sie die Inspiration. Wenn Sie sich jetzt zu sehr auf die Verwirklichung von Ideen stürzen, verlieren Sie zuviel Kraft. Es ist
vielmehr eine Zeit der Sammlung und des Krafttankens durch all
die vielen neuen Ideen. Sie haben Zeit!

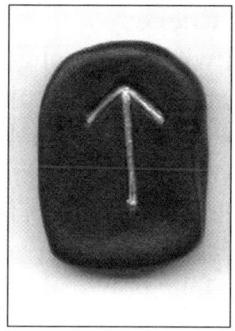

TIWAZ

Auf der materiellen Ebene:

Ihr Weg ist zielgerichtet und Sie sollten sich jetzt von nichts und niemandem von Ihren Interessen abbringen lassen. Wenn Ihnen das bisher etwas schwer fiel, dann ist jetzt eine hervorragende Zeit, um das *Sich–durchsetzen* zu lernen. Tiwaz verkörpert die männliche Kraft und den Gott Tyr, den Gott der Gerechtigkeit. Schaden Sie niemandem bei Ihren Handlungen, doch bleiben Sie Ihrem Weg treu. Gerechtigkeit ist eine hohe Tugend, üben Sie sich darin und Ihnen wird ein völlig neues Bild von *Männlichkeit* präsent.

Auf der emotionalen Ebene:

Emotionen bringen uns gern einmal ins Schleudern. Zur Zeit leben Sie in einem Zustand, der sehr klar und zielstrebig scheint. Vergessen Sie bei all der Entschlossenheit nicht Ihre weiche Seite und lauschen Sie den Worten Ihrer Intuition, wenn Sie Entscheidungen treffen müssen. Vielleicht wirken Sie gerade auf Ihre Mitmenschen sehr kühl und berechnend, auch wenn Sie das im Grunde Ihres Wesens nicht sind. Stehen Sie dazu, Sie werden auch wieder wärmer. Die augenscheinliche Kühle dient lediglich Ihrer Wegfindung.

Auf der spirituellen Ebene:

Sie haben sich ein Entwicklungsziel gewählt und möchten dies umgehend erreichen. Wenn sich Hindernisse auf diesem Weg auftun, dann betrachten Sie einmal die Funktion des Zieles und benutzen Sie selbiges als Ansporn. Tiwaz an dieser Position funktioniert für Sie so ähnlich wie der Polarstern für die Seefahrer früherer Zeiten: Er selbst ist unerreichbar, doch zur Orientierung in unbekannten Gewässern unbedingt notwendig. Verlassen Sie Ihren Weg nicht; folgen Sie Ihren Eingebungen konkret und genießen Sie die Klarheit, die sich in Ihrem Geist manifestiert hat.

BERKANA

Auf der materiellen Ebene:

Die Hand einer schützenden und behütenden Mutter stützt derzeit Ihr Leben. Dies ist durchaus auch symbolisch zu verstehen, denn wir alle tragen diese Qualität auch in uns selbst. Sollten Sie wider Erwarten das Gefühl haben, völlig verlassen von allen guten Geistern und vom Glück zu sein, dann machen Sie sich einmal grundlegend Gedanken um die Themen Weiblichkeit und Geborgenheit! Vielleicht sollten Sie sich jetzt auch einmal intensiv mit der Natur auseinandersetzen und dem Frieden, der Ihnen dort begegnen kann. Mutter Erde ist allgegenwärtig, beginnen Sie damit, sie als Wesenheit wahrzunehmen. Es ist keine Zeit, um sich unnötig Sorgen zu machen, denn ob Sie es nun wirklich wahrnehmen oder nicht: Die behütende Hand ist da.

Auf der emotionalen Ebene:

Geborgenheit und Schutz umgeben derzeit Ihre Seele, Sie können sich sicher fühlen und aus dem Zustand der Sicherheit auf der emotionalen Ebene, Ziele auf anderen Ebenen intensiver in Angriff nehmen. Genießen Sie die derzeitige Gemütlichkeit und versuchen Sie den Zustand auszukosten, intensiv wahrzunehmen und somit in Ihr weiteres Leben zu integrieren. Es ergibt sich daraus eine neue Form der Sicherheit, wie Sie sie vielleicht zuletzt als kleines Kind wahrgenommen haben, bevor sich die Sicherheit des heimischen Nestes dann mit Ihrer Pubertät verflüchtigte. Es ist jetzt auch eine gute Zeit, um sich mit Sehnsüchten auseinanderzusetzen, mit denen wir uns schon seit unserer frühesten Kindheit herumschlagen: Setzen Sie diese doch heute als Erwachsener in die Tat um.

Auf der spirituellen Ebene:

Die Kraft von Mutter Erde, der großen Göttin ist nun auf Ihrem Lebensweg gegenwärtig und wird ihn auf ihre eigene Art prägen. Begeben Sie sich in die Natur und spüren Sie die Göttlichkeit des Sie Umgebenden. Als Mann haben Sie derzeit vielleicht ein wenig Probleme damit, daß Sie sich zu emotional und vielleicht ein bißchen verschwommen fühlen: Machen Sie sich nichts daraus, denn Männlichkeit besteht nicht nur aus Härte und Klarheit – was sich da ausdrücken möchte ist Ihre Kreativität, schließlich können auch Sie als Mann *Kinder* bekommen. Als Frau dürfte Ihnen dies hier keine Probleme bereiten, außer Sie haben den Weg der Weiblichkeit gänzlich hinter sich gelassen.

EHWAZ

Auf der materiellen Ebene:

Es stehen Veränderungen in Ihrem Leben an, die sehr wahrscheinlich durch einen Ihnen bisher unbekannten Menschen verursacht werden. Soll Ihr zukünftiger Lebensweg erfolgreich verlaufen, dann schließen Sie sich mit einem Partner zusammen, mit dem Sie erfolgreich arbeiten können. Selbstverständlich muß dies auf einer stabilen Vertrauensbasis geschehen, denn nur so ist es letztendlich möglich die eigenen Qualitäten eines jeden einzelnen Menschen gewinnbringend umzusetzen. Wenn der *Mehrwissende* die Führung übernehmen soll, dann muß Vertrauen da sein. Dies können Sie jetzt lernen. Pferde verkörpern auf eine ganz eigene und kraftvolle Art und Weise das Thema Partnerschaft. Wenn Sie sich mit dem Verhalten von Pferden noch nicht auskennen, dann beschäftigen Sie sich doch einmal damit: Sie können dabei sicherlich viel für den Umgang mit anderen Menschen lernen.

Auf der emotionalen Ebene:

Ihre Partnerschaften werden derzeit sicher auf die Probe gestellt, denn Sie werden sich fragen müssen wie die Kräfteverhältnisse verteilt sind und ob Sie mit diesen Potentialen, so wie sie auftreten, leben möchten, oder sich dabei eingeengt und unwohl fühlen. Sollte letzteres der Fall sein, so haben Sie selbstverständlich die Möglichkeit aktiv zu werden und die Potentiale wieder Ihren Kapazitäten entsprechend einzuteilen. Sie werden dabei nicht darum herumkommen partnerschaftlich vorzugehen und ein gewisses Maß an innerer Weisheit walten zu lassen. Wenn Sie erkennen, daß es zur Zeit besser wäre einem anderen Menschen, mit dem Sie zusammenleben, die Führung zu übergeben, dann lassen Sie es zu, ohne sich dabei abhängig zu machen oder das eigene Denken und Fühlen an den Nagel zu hängen: Sie sind frei, doch Ihre Weisheit gebietet Ihnen den Rat anderer Menschen hoch zu achten.

Auf der spirituellen Ebene:

Spätestens jetzt haben Sie die Einsiedelei satt und wollen Ihr Wissen und Ihre Erfahrungen wieder mit anderen Menschen teilen und mit anderen Menschen zusammen arbeiten, leben, lieben, lachen. Geben Sie diesem Bedürfnis nach und beginnen Sie zu teilen. Wenn zu diesem Zeitpunkt ein spiritueller Führer in Ihrem Leben auftaucht, dann machen Sie sich nicht von ihm abhängig. Achten Sie peinlichst genau darauf, ob er eine partnerschaftliche Zusammenarbeit zuläßt oder ob er ein verkappter Diktator ist, der immer besser als Sie selbst zu wissen vorgibt, was gut für Sie ist. Ist das der Fall, dann wagen Sie zu Ihrem eigenen Wohl den Schritt, ihn zu verlassen, denn langfristig wird Ihnen so etwas nicht bekommen.

MANNAZ

Auf der materiellen Ebene:

Sie werden sich zur Zeit so fühlen, als wären Sie komplett, so wie Sie sind. Es muß gerade nichts Neues erreicht werden oder etwas dazugelernt, sondern so wie gerade alles ist, ist es in Ordnung. Sie fühlen sich endlich einmal in Ihrem Leben richtig, richtig wohl. Kosten Sie diesen Zustand aus, er wird sich nicht bis in alle Ewigkeit halten. Sie sind in Ihrer eigenen inneren Mitte angekommen. Aus diesem Zustand heraus können Sie leicht auf andere Menschen zugehen und neue Kontakte knüpfen. Lassen Sie aber auch aus diesem Zustand heraus andere Menschen auf sie zukommen und ihr Leben bereichern. Das Gesetz der Entsprechungen wird Ihnen Menschen schicken, denen es ähnlich wie Ihnen geht und die Ihnen gleichgestellt sind.

Auf der emotionalen Ebene:

Eine gute Zeit sich zu verlieben oder die alte Liebe auf ihre Kraft zu überprüfen. Wir Menschen entwickeln uns weiter und wenn wir in einer Partnerschaft Glück haben, dann gleichzeitig und miteinander in die gleiche Richtung, doch manchmal trennen sich auch die Wege der Entwicklung; manchmal für immer, manchmal begegnen sie sich aber auch wieder nach einer geraumen Zeit. Schauen Sie wachen Auges auf Ihr derzeitiges Leben und frischen Sie ihre

Partnerschaft mit neuer Kraft auf, erweitern Sie den Freundeskreis oder folgen Sie dem Wissen darum, was Ihnen gut tun könnte. Sperren Sie sich nicht durch Konventionen ein, sondern setzen Sie sich und Ihre Bedürfnisse zu, ohne sich oder anderen unnötige Schmerzen zu bereiten. Es ist eine Zeit, in der Sie viele Gleichgesinnte treffen können, denen es gerade genauso geht wie Ihnen.

Auf der spirituellen Ebene:

Eine gute Ausgangslage, um einen spirituellen Weg zu beschreiten, auch wenn man sich bisher sein gesamtes Leben noch nicht darum gekümmert hat; zumindest nicht um einen spirituellen Weg, wie er vielleicht in den Büchern steht. Sie sind gerade sehr ausgeglichen. Lassen Sie auch die anderen Ebenen Ihres Daseins von dieser Ausgeglichenheit profitieren und die Kräfte ineinander fließen. Wenn Sie mit anderen Menschen zusammen einen spirituellen Weg beschreiten oder dies tun möchten, dann sorgen Sie sich darum, daß immer eine Aura der Ausgeglichenheit und Zentriertheit bestehen bleibt und diese nicht durch egoistische Machtspiele aus dem Gleichgewicht gebracht wird.

LAGUZ

Auf der materiellen Ebene:

Lassen Sie sich zur Zeit, vor allem bei finanziellen oder materiellen Angelegenheiten nicht von ihrem Gefühl leiten! Zu unbeständig und schwankend ist derzeit Ihre Gefühlswelt, als daß Sie wirklich auf die Tips der inneren Stimme zu materiellen Dingen hören können. Um jetzt erfolgreich zu handeln, müssen Sie exakt herausfinden, was gerade los ist, denn derzeit ist alles wie verschwommen und vage. Behalten Sie einen kühlen Kopf und versinken Sie nicht im augenscheinlichen Strudel der Ereignisse.

Auf der emotionalen Ebene:

Verstecken Sie Ihre Gefühle nicht, sondern leben Sie diese aus. Finden Sie heraus, was wirklich in Ihnen vorgeht und gehen Sie damit um. Wenn das Leben derzeit wie ein Strudel wirkt, lassen Sie sich nicht von ihm packen und davontreiben, sondern lernen Sie Ihre Gefühle kennen. Nur so können Sie diese mit Ihrem wahren Willen vereinen, was in der momentanen Situation absolut wichtig ist. Die Wogen der Gefühle werden sich wieder legen; machen Sie sich darum nicht unnötige Sorgen.

Auf der spirituellen Ebene:

Vielleicht glauben Sie, gerade sei alles in bester Ordnung. Augenscheinlich ist das auch so, aber wenn Sie die Situation, in der Sie sich gerade befinden genauer betrachten, werden Sie feststellen, daß es nicht so ist. Die Zeit eignet sich gerade hervorragend dafür, um sich in Illusionen zu verrennen und Träumen auf eine Art und Weise hinterherzujagen, als wären Sie Realität. Verrennen Sie sich nicht und glauben Sie nicht daran, daß Ihnen von Außen derzeit spirituelle Lebenshilfe zuteil werden könnte ohne in Abhängigkeiten zu verfallen. Illusion ist das passende Stichwort zu Ihrer jetzigen Situation, leider mit all ihren Schattenseiten.

INGUZ

Auf der materiellen Ebene:

Sie haben eine brauchbare Idee, um ein materielles Ziel zu verwirklichen. Die Idee sollte jetzt aber nicht sofort in Angriff genommen werden, sondern erst reifen und sich selbst verfeinern. Es ist eine Zeit der Ruhe angesagt, so als würden Sie auf Ihrer Idee sitzen und diese ausbrüten. Aktiv handeln müssen Sie derzeit diesbezüglich nicht, sondern nur die Ruhe und Gelassenheit bewahren, um ein gutes Gelingen zu ermöglichen.

Auf der emotionalen Ebene:

Eine bewegte Zeit liegt hinter Ihnen und nun hat sich der Sturm der Emotionen endlich beruhigt. Sie können Luft holen und sich von den Strapazen der vergangenen Zeit erholen. Gönnen Sie sich auch diese Ruhe, Sie haben sie nötig. In Ihrem Innersten reifen neue Ideen und Wege heran, vielleicht keimt auch gerade eine neue Hoffnung auf mehr Zufriedenheit und Glück in Ihnen auf. Lassen Sie sie zu und pflegen und behüten Sie diese kleine Pflanze des Glücks. Es ist noch nicht die Zeit dafür, wieder etwas in Bewegung zu bringen, aber bald. Lassen Sie ihrem Wohlsein genügend Zeit sich auszubreiten.

Auf der spirituellen Ebene:

In Ihnen hat sich jetzt vieles verändert. Aus verschiedenen Wegen haben Sie diejenigen herausgesucht, die Ihnen am besten zu Gesicht stehen und mit denen Sie in Zukunft arbeiten möchten. Auf diese Art und Weise verfasern Sie Ihre Energien nicht, sondern konzentrieren diese; das ist gut. Sammeln Sie alle Energien, die Sie für Ihren zukünftigen Weg der Wege benötigen und bündeln Sie die Kräfte. Derzeit steht für Sie eine Zeit des Kräftesammelns an, nicht des Kräfteanwendens; verinnerlichen Sie das. Nach einer geraumen Zeit haben Sie ein ausgereiftes Potential zur Verfügung, welches Sie kraftvoll auf Ihrem weiteren Lebensweg begleiten wird.

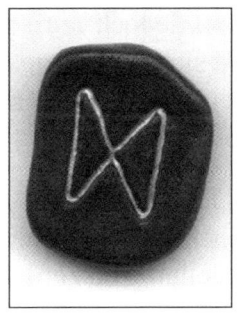

DAGAZ

Auf der materiellen Ebene:

Sie befinden sich kurz vor Ihrem Ziel. Es werden nur noch wenige *Augenblicke* vergehen, bis für Sie die *Sonne aufgeht*. Die Zeit der Morgendämmerung können Sie dafür nutzen, um auch einmal hinter die materielle Welt zu schauen und die spirituellen Gesichtspunkte der Alltäglichkeit genauer zu beleuchten. Lüften Sie doch einfach einmal den Schleier zu den Welten Ihrer Träume; Sie werden überrascht sein, was dahinter alles zum Vorschein kommt. Die Kräfte sind derzeit sehr ausgeglichen. Sorgen Sie dafür, daß dies auch bis zur Erreichung Ihres Zieles so bleibt.

Auf der emotionalen Ebene:

Wenn Sie sich zur Zeit ausgeglichen fühlen, ist alles in bester Ordnung und Sie haben die Hausaufgaben Ihrer Seele gemacht. Wenn Sie jedoch derzeit etwas depressiv sind, dann haben Sie sich in der Vergangenheit nicht hinlänglich mit den Schattenthemen Ihrer Seele auseinandergesetzt. Holen Sie dies nach und bringen Sie die schwarze wie die weiße Seite in sich wieder ins Gleichgewicht. Bedenken Sie, daß es ohne Nacht keinen Tag geben kann und es sich umgekehrt genauso verhält. Die Dunkelheit, vor der Sie vielleicht Angst verspüren und die sich in Ihrem Inneren findet, mag zwar beängstigend wirken, jedoch nur solange, wie Sie sie nicht kennengelernt haben, Sie sich ihren Ängsten gestellt haben. Auch professionelle Hilfe ist bei hartnäckigen und bedrohlichen Schattenthemen nicht zu verachten!

Auf der spirituellen Ebene:

Wo Licht ist, ist auch Schatten. Schrecken Sie nicht vor den Schatten auf Ihrem spirituellen Weg zurück, wenn Sie diesen ernsthaft begehen wollen. Viele esoterische Schulen sprechen hauptsächlich vom Licht, doch irgendwann kommt auch bei diesen Schulen das Thema der Dunkelheit zum Vorschein, dem Sie sich stellen müssen, ob Sie nun wollen oder nicht. Bei Ihrer spirituellen Arbeit wird es Ihnen sicher nicht immer möglich sein, nur hehre innere oder äußere Ziele zu verfolgen, manchmal möchten Sie auch zu Ihren Gunsten etwas verändern und können dabei nicht vermeiden, einem anderen Lebewesen auf die Füße zu treten. Finden Sie sich mit diesem Zusammenhang ab und verschließen Sie nicht die Augen davor. Ein Zusammenleben bedingt immer Ursache und Wirkung, Freude und Schmerz. Brechen Sie so kurz vor dem Ziel jetzt nicht ab oder zusammen. Die Aufgabe, die sich Ihnen jetzt stellt, besteht darin die dunklen und hellen Anteile Ihres Wesens und Ihres Weges in Gleichklang zu bringen und derart auf Ihr Ziel zuzugehen.

OTHALA

Auf der materiellen Ebene:

Sie haben ein für Sie wichtiges Ziel erreicht. Um sich finden Sie nun Menschen, mit denen Sie auf einer sehr vertrauensvollen Art und Weise zusammenarbeiten können und die Sie auf Ihrem Weg tatkräftig unterstützen können. Eine gute Zeit um familiäre Beziehungen zu pflegen oder aufzubauen oder sich einmal intensiv Gedanken um eine gesicherte Zukunft, den Hausbau oder Landkauf zu machen. Sie können sich glücklich schätzen, denn nun haben Sie die Unterstützung einer (Art) Familie und auch den Schutz, den eine solche bietet.

Auf der emotionalen Ebene:

Willkommen zu Hause in Ihrem ureigenen Seelenwohlstand. Es geht Ihnen so richtig und rundherum gut und Sie müssen sich einmal keine Sorgen um das Morgen oder Gestern machen. Sie fühlen sich aufgehoben und geborgen und können Ihr Glück zudem auch noch mit anderen Menschen teilen, die ihnen nahestehen. Sollte der eigene Freundeskreis etwas dünn sein, dann besteht jetzt eine gute Gelegenheit dazu ihn auszubauen, denn es wird keine leichtere Zeit geben, in der sich wahre Freunde finden lassen.

Auf der spirituellen Ebene:

Ihre spirituelle Entwicklung ist an einem markanten Punkt angekommen: Sie haben ein wichtiges Ziel erreicht und die Höhen und Tiefen einer solchen Entwicklung erfolgreich gemeistert. Dazu kann man Ihnen nur gratulieren, denn ein tiefgehender spiritueller Weg ist durchaus kein Kinderspiel. Zuletzt dürften Sie sich so wie heute gefühlt haben, als Sie in Ihre Familie geboren wurden. Jetzt ist es an der Zeit eine eigene Familie oder Gruppe zu gründen, um das Gefühl des *Hier-bin-ich zu-Hause* mit lieben Menschen zu teilen. Die Kraft und Ausdauer für ein solches Unterfangen besitzen Sie. Vielleicht ist es aber auch so, daß Sie sich gerade in einer bereits bestehenden Gruppe wiedergefunden haben und auf diese Weise Ihr Zuhause verwirklichen konnten.

III.

Das

Urd-Verdani-Skuld-Orakel

Vergangenheit, Gegenwart und Zukunft im Lichte des Runenorakels

Mit diesem Legesystem können Sie Ursachen und Wirkungen beleuchten. Es zeigt Ihnen die Vergangenheit, Gegenwart und Zukunft. Urd, Verdandi und Skuld sind die drei Nornen der nordischen Mythologie, zuständig für Geburt, Leben und Tod.

Vorbereitung:

Schaffen Sie sich eine Umgebung der Ruhe.

Jetzt benötigen Sie noch einen Zettel, auf den Sie oben das Datum des heutigen Tages schreiben und eventuell (wenn es sich nicht um Sie persönlich handelt) den Namen des Fragestellers.

Konzentrieren Sie sich auf sich selbst oder den Fragesteller, und ziehen Sie eine Rune für die Vergangenheit. Notieren Sie sich das Ergebnis und legen Sie die Rune zurück in den Beutel.

Atmen Sie tief durch und ziehen Sie eine Rune für die Gegenwart. Ebenso gehen Sie dann bei der Ziehung einer Rune für die Zukunft vor.

Deutung:

Wenn es sich bei der Frage um materielle Belange handelte, wählen Sie jeweils die Bedeutung der einzelnen Rune aus der materiellen Ebene des DREI-EBENEN-RUNENORAKELS.

Wenn es sich bei der Frage um emotionale Belange handelte, wählen Sie die Bedeutung der einzelnen Rune aus der emotionalen Ebene des DREI-EBENEN-RUNENORAKELS.

Wenn es sich bei der Frage um spirituelle Belange handelte, wählen Sie die Bedeutung der einzelnen Rune aus der spirituellen Ebene des DREI-EBENEN-RUNENORAKELS.

Ein Deutungsbeispiel aus der Praxis zum

URD-VERDANDI-SKULD-ORAKEL

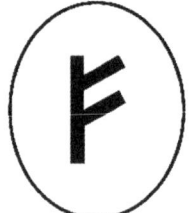  

Jan wollte nach dem groben Überblick über seine momentane Situation wissen, durch was er zu dem Ekzem gekommen war, das ihn nun doch langsam störte. Was war ins Ungleichgewicht geraten, daß seine Haut so reagieren mußte? Da es sich bei der Haut um unser größtes emotionales Organ schlechthin handelt, wählten wir den Weg der Deutung auf der emotionalen Ebene.

Jan zog folgende Runen:

Vergangenheit = FEHU

Wenn Sie sich nicht so fühlen, als säßen Sie auf einem Vulkan, dann haben Sie sich gerade verliebt oder eine andere Gefühlswallung begleitet Ihr Tagwerk. Nutzen Sie diese Energie, seien Sie leidenschaftlich in allem was sie tun und hören Sie auf, Ihr Feuer immer wohl dosiert anzuwenden, das führt zu innerlichen Verbrennungen. Sei es nun Wut oder Lebenslust, bremsen Sie beides nicht aus.

Wie schon bei der ersten Sitzung hatten wir es hier nun wieder mit Fehu zu tun. Feuer war die Ursache für dieses Ekzem, Feuer in seinen vielfältigen Facetten. Jan dachte über den Deutungstext nach und kam selbst zu dem Schluß, daß er sich durch die viele Arbeit wohl tatsächlich seiner Impulsivität beraubt hatte und das Feuer, welches in ihm war, nicht so ausgelebt hatte wie es eigentlich notwendig gewesen wäre. Vielmehr hatte er es gebremst, da mußte es nun also an einer *anderen Stelle* zum Vorschein kommen.

Gegenwart = URUZ

Sperren Sie Ihren Willen nicht ein, lassen Sie Ihren Instinkten in einem gesunden gesellschaftlichen Rahmen freien Lauf. Es ist eine Zeit, in der Sie nicht unbedacht kämpfen sollten, jedoch wachsam darauf achten, daß Sie auf Provokationen ihrem Wesen nach angemessen reagieren, um nicht bei einer falschen Gelegenheit zu explodieren. Der Ärger mit Ihren Arbeitskollegen gehört nicht ihrem Lebenspartner! Wenden Sie sich in ihrer Partnerschaft, oder wenn Sie alleine leben, mehr den sinnlichen Aspekten des Lebens zu.

Es war erstaunlich: Hier stand sozusagen der Rat schwarz auf weiß vor Jan. Er sollte sich mehr den sinnlichen Aspekten des Lebens zuwenden und kämpfen, wenn es nötig schien. Dann würde sich das Ekzem wohl auch verflüchtigen, da sich das unterdrückte Feuer nun nicht mehr an einer *falschen Stelle* seinen *Weg suchen mußte*. Diesen Ratschlag würde er beherzigen.

Zukunft = KENAZ

Die verdrängten Anteile unserer Persönlichkeit spiegeln sich in unseren Mitmenschen oder Partnern; besonders was uns sehr stark an unseren Gegenübern aufregt, findet sich als Schatten *in unserem eigenen Inneren. Zur Zeit können eben diese Anteile durch Konflikte mit unseren Mitmenschen ans Tageslicht treten und Verwirrung stiften. Sie können diese Zeit zur Selbsterkenntnis nutzen und ihre verdrängten Anteile für kreative Prozesse nutzen, da in ihnen eine enorme schöpferische Kraft verborgen liegt.*

Und hier fand nun das statt, was die logische Folge der Gegenwart war: Verdrängt hatte Jan seine körperliche Kraft und auch den Willen mit aller Kraft am Leben teilzunehmen, mit all seinen Hochs und Tiefs. In Zukunft würde er wieder aktiver am Leben teilnehmen und dem Weg seiner Seele folgen, wodurch verschiedene kreative Prozesse in Gang kommen würden, ausgelöst durch die schöpferische Kraft, die sich derzeit *gestört* an einem anderen Ort auslebte und die Haut zum jucken reizte.

IV.

DIE

EINZELRUNEN-BEFRAGUNG

Manchmal möchte man vielleicht einfach nur wissen, was aus einer Situation werden würde, oder wie man am sinnvollsten mit einer Situation umgeht. Dann kann es durchaus reichen, eine einzelne Rune zu ziehen. Stellen Sie die Frage im Geiste, greifen Sie in Ihren Runenbeutel und ziehen Sie eine Rune. Die Antwort wird, wie bei den Runen nun mal üblich, sehr präzise ausfallen. Runen sind sehr direkt. Daß wir auf diese Art und Weise keine Ja/Nein-Fragen beantworten können, sollte bekannt sein, denn diese Formen des Orakels berücksichtigen die freie Entscheidung des Ratsuchenden!

Zur Ausdeutung schauen Sie in dem Kapitel "Die Bedeutung der einzelnen Runen" (S.133ff) nach.

V.

NAMENSDEUTUNG

Die Namensdeutung

Da die Runen ein universelles System darstellen, kam mir eines Tages die Idee, doch auch einmal Namen von Menschen, Städten oder Firmen in Runen umzusetzen und dann die einzelnen Runen auszudeuten. Bei diesem Experiment zeichnete sich für mich bald eine Struktur ab, die sehr zutreffend war und die kcin *Zufall* sein konnte. Mir war diese Deutungsmöglichkeit zugefallen und so möchte ich Sie Ihnen heute auch nicht vorenthalten. Runen reizen eben einfach zum experimentieren.

Nomen est Omen: daß in einem Namen auch ein Omen ruht, haben einige von uns vielleicht schon im Lateinunterricht gelernt. Es gibt in den esoterischen Traditionen viele Möglichkeiten, seinen Namen zu deuten; ich möchte Ihnen hier nun eine Variante der Namensdeutung vorstellen, die sehr aussagekräftig und mächtig ist. Ihr Name, oder auch der Name Ihrer Firma, wird hiermit zu einem ganz individuellen und persönlichen Zauberspruch. Ähnlich wie bei einem Horoskop bekommen Sie durch die runische Namensdeutung einen Weg gezeigt, den Sie gehen oder gegangen sind; Ihre Potentiale werden aufgezeigt und das, wie bei den Runen in ihrer Folge üblich, in chronologischer Reihenfolge. Es sind immer Entwicklungswege, die sich hier abzeichnen.

Wenn Ihnen die Ausdeutung Ihres Namens nicht gefallen sollte, dann wechseln Sie Ihren Namen nicht sogleich, denn das ist nicht der Sinn dieser Übung. Beschäftigen Sie sich lieber mit den Schwachstellen und den Schattenanteilen, denn das, was Ihnen an Ihrem Namen nicht gefällt, ist lediglich das, was Sie, so wie es eben ist, nicht sehen möchten.

Sehr interessant kann es auch sein, den Wandel eines Menschen durch den Namenswechsel bei einer Heirat oder durch Eintritt in eine spirituelle Gemeinschaft zu betrachten, oder auch die verwandtschaftlichen Beziehungen unter den runischen Aspekten einer genaueren Betrachtung zu unterziehen.

Wenn Sie einen Städte- oder Firmennamen analysieren möchten, wählen Sie die Bedeutungen einzelner Runen eines Nachnamens!

Kommen wir aber nun zur Praxis!

Die Umsetzung des Namens in Runen

Umlaute werden getrennt. Ü = UE, etc.

A	Ansuz	ᚠ
B	Berkana	ᛒ
C	Kenaz	ᚲ
D	Dagaz	ᛗ
E	Ehwaz	ᛗ
F	Fehu	ᚠ
G	Gebo	ᚷ
H	Hagalaz	ᚺ
I	Isa	ᛁ
J	Jera	ᛃ
K	Kenaz	ᚲ
L	Laguz	ᚱ
M	Mannaz	ᛗ
N	Naudiz	ᛏ
O	Othala	ᛟ
P	Perthro	ᛈ
Q	Kenaz & Uruz	ᚲ & ᚢ
R	Raidho	ᚱ
S	Sowilo	ᛋ
T	Tiwaz	ᛏ

U	Uruz	ᚢ
V	Fehu	ᚠ (ᚡ)
	oder Wunjo	
W	Wunjo	ᚹ
X	Kenaz & Sowilo	ᚲ & ᛋ
Y	Jera	ᛃ
	(Laut = J)	
Z	Algiz	ᛉ
TH	Thurisaz	ᚦ
	(engl. TH)	
NG	Inguz	◊

Umsetzungsbeispiele:

Steffi	=	ᛋᛏᛖᚠᚠᛁ
Charlotte	=	ᚲᚺᚨᚱᛚᛟᛏᛏᛖ
Constantin	=	ᚲᛟᛁᛋᛏᚨᛁᛏᛁᛉ
Igor	=	ᛁᚷᛟᚱ
Stefan	=	ᛋᛏᛖᚠᚨᛉ
Björn	=	ᛒᛃᛟᛗᚱᛉ
Colette	=	ᚲᛟᛚᛖᛏᛏᛖ
Guus	=	ᚷᚢᚢᛋ
Hannelore	=	ᚺᚨᛉᛉᛖᛚᛟᚱᛖ
Sissi	=	ᛋᛁᛋᛋᛁ
Werner	=	ᚹᛖᚱᛉᛖᚱ
Annette	=	ᚠᛉᛉᛖᛏᛏᛖ

Grundbedeutung des Vornamens

Der Vorname eines Menschen steht für die Umsetzung des Lebensweges, welcher auf der Wurzel des Nachnamens resultiert. Er zeigt also, wie ein Mensch seine Anlagen, die durch den Nachnamen gegeben wurden, im alltäglichen Leben umsetzt, sozusagen *wie* ein Mensch seinen Lebensweg geht. Es werden bei der Ausdeutung alle gegebenen Vornamen berücksichtigt, so wie sie im Ausweis stehen. Dem Rufnamen ist dabei die erste Priorität zuzuordnen, allen folgenden eine geringere Priorität. Auch wenn man einen Namen nicht mag, so sollte er trotzdem ausgedeutet werden. Vielleicht geht einem dann ein Licht auf, warum man diesen Namen so ganz und gar nicht leiden kann. Die Deutung erfolgt dynamisch.

Die Deutung des Vornamens

Die Auslegung der einzelnen Runen des Vornamens erfolgt dynamisch, also unter dem Gesichtspunkt, daß es hierbei um eine Tätigkeit, nämlich die des Umsetzens einer Grundkraft (die des Nachnamens) geht.

Jede Rune des Vornamens stellt einen Entwicklungsschritt, eine Aufgabe dar, die sich durchaus auch noch mal wiederholen kann. Manche Menschen durchlaufen ihr Leben lang ihren Vornamen von vorne nach hinten, vielleicht auch weil es ihre individuelle Lösungsstrategie darstellt. Es gibt aber auch die Möglichkeit, der Grundidee des Prozesses treu zu bleiben, und doch nach einer Lösung auf höherer, entwickelterer Ebene zu suchen.

Bedeutung einzelner Runen eines Vornamens

FEHU   ᚠ   Tatkraft und Lebensfreude. Es fehlt nicht an Energie. Durchsetzungsvermögen. Zu bestimmten Zeiten vielleicht chaotisch oder aggressiv.

URUZ   ᚢ   Beständigkeit und Ruhe. Ruhige Energie, wenn Sie nicht gereizt werden. Sehr großes Kraftpotential, das sich besonders in materiellen Dingen verwirklichen will. Manchmal Veranlagung zur Lethargie oder zum Festhalten an Überholtem.

THURISAZ   ᚦ   Polterndes Auftreten, wenn es nicht beherrscht wird – kann auch in Schüchternheit umschlagen, wenn die Gesellschaft ein impulsives Verhalten nicht billigt.

ANSUZ   ᚨ   Wissen um die Kraft des Universums. Der Glauben an Übersinnliches bestimmt diesen Lebensabschnitt. Hilfe wird durch etwas zuteil, was man nicht bewußt bemerken kann. Gefahr, nur noch auf das Göttliche zu vertrauen und nicht mehr selbst Hand anzulegen.

RAIDHO   ᚱ   Lust an der Bewegung, Freude am Reisen. Man hat vielleicht Schwierigkeiten, den eigenen Rhythmus zu finden. Wenn die Bewegung (im Geiste oder Körper) nicht verwirklicht wird, verkümmert der Mensch.

KENAZ   ᚲ   Feuer des Bewußtseins. Wird mit den Problemen anderer Menschen solange konfrontiert, bis die eigenen gelöst sind. Gute

Empathie, welche jedoch unausgebildet auch zu unnötigem Leiden führen kann.

GEBO   X   Das Geschenk des Lebens. Bemüht um Ausgleich und Gerechtigkeit. Kann auch zur Harmoniesucht führen. Will niemandem Schmerzen zufügen, weil das Wissen darum besteht, daß alles was gegeben wurde auch wieder genommen werden muß.

WUNJO   ᚹ   Die Freude und der Stolz. Das Wissen darum, in einem starken Verbund mit Tradition oder Familie zu stehen, kann neben der natürlichen Freude am Leben auch eine gewisse Kühle und Unnahbarkeit mit sich bringen, die daraus resultiert, daß man "ja sowieso besser ist".

HAGALAZ   ᚺ   Die Kräfte der Unterwelt. Beschäftigt sich stark mit sich selbst und versucht den inneren Sumpf zu ergründen, woraus Kraft geschöpft wird. Meistens keine leichte Zeit, aber wenn sie ohne Drogen überstanden wurde, erwächst seelisches Gold daraus.

NAUDHIZ   ᚾ   Im Wandel begriffen. Das Leben wandelt sich und man muß sich die andere Seite der Medaille anschauen. Einschneidende Erlebnisse prägen und verwandeln.

ISA   I   Die Kraft in sich. Das Wissen darum, daß man im Grunde der Dinge allein mit sich auf dieser Welt ist, schützt vor falschen Abhängigkeiten. Konzentration auf das Wesentliche.

JERA   ⋄   Ernte vergangener Taten. Einschnitt in das Leben, welcher durch das Schicksal (Resultat aus vergangenen Taten) verursacht wird.

PERTHRO   ⌊   Offenheit und Kreativität. Starke Schöpferkraft, die sich ausdrücken will.

ALGIZ   ⋏   Um ein "Z" in Runenschrift umzusetzen, verwendet man die auf dem Kopf stehende Algiz-Rune. Aus diesem Grund symbolisiert die sonst positiv belegte Rune hier die Konfrontation mit dem Tod oder einem schmerzhaften Abschied. Eine Aufgabe, an der wir durchaus wachsen können.

SOWILO   ϟ   Sonnenkraft läßt siegen. Lebensfreude und wortwörtliches Strahlen bestimmen den Weg. Zeit immenser Kraft und Begeisterung, Gefahr auszubrennen.

TIWAZ   ↑   Zielgerichtetes Auftreten und Klarheit über den Weg. Kriegermentalität mit großem Sinn für Gerechtigkeit.

BERKANA   ᛒ   Liebevolle Mutterschaft. Die Kraft der Weiblichkeit mit hellen und dunklen Seiten wird mit all ihren Reizen ausgelebt.

EHWAZ   ᛗ   Ruhelosigkeit durch ein Übermaß an Energie, bis eine vernünftige Form gefunden wurde, diese Energie zu kanalisieren, vielleicht in einer Partnerschaft.

MANNAZ   ᛗ   Kommunikation und Umgang mit vielen anderen Menschen führt zu einem kraftvollen Lebensweg.

LAGUZ	ᛚ	Die Kenntnis der Gefühlswelten macht den Lebensweg sicherer und kraftvoller. Aus befreiten Gefühlen erwächst Kraft, aus verdrängten Gefühlen Angst.
INGUZ	◇	Wird die Buchstabenkombination "NG" in Runenschrift umgesetzt, benutzen wir Inguz. Wie die Ruhe vor dem Sturm. Wichtige Zeit für eine kreative Ruhephase, um dann mit einer kompletten Lösung und aus gebrüteten Idee allen Widrigkeiten zu widerstehen.
DAGAZ	ᛞ	Schattenspiel der Ausgeglichenheit. Versuch, die sichtbare und unsichtbare Seite des Lebens zu ergründen und zusammenzubringen, der auch gelingt.
OTHALA	ᛟ	Das Gefühl, sein Zuhause jetzt gefunden zu haben, oder die Suche danach.

Grundbedeutung des Nachnamens

Der Nachname eines Menschen steht für die Grundenergien des Lebens, für das, was dieser Mensch *mitbekommen* hat. Durch eine Heirat verändert sich der Nachname sehr oft und die Grundanlagen werden verändert; der Mensch, der seinen Nachnamen aufgibt, um einen neuen zu tragen, gibt sich sozusagen dem Schicksalsgewebe des Partners hin. Betrachten Sie auch die Bedeutung eines Geburtsnamens einmal gesondert von dem Namen, den Sie jetzt vielleicht durch eine Heirat tragen. Vielleicht können Sie die Bedeutung der Veränderung erkennen und mit Ihren Erfahrungen im alltäglichen Leben abgleichen. Die Deutung erfolgt statisch.

Deutung des Nachnamens (Runenbedeutung)

Die Auslegung der einzelnen Runen des Nachnamens erfolgt statisch, also unter dem Gesichtspunkt, daß es sich hierbei um die Einzelteile der Grundkraft dieses Menschen handelt. Die Einzelteile werden zusammengefügt und ergeben ein komplexes Bild, welches in seiner Gesamtheit die Wurzeln und Urkräfte dieses Menschen beschreibt.

Bedeutung der einzelnen Runen eines Nachnamens

FEHU   ᚠ   Tatkraft und Lebensfreude bilden eine wichtige Grundlage und werden das ganze Wesen dieses Menschen bestimmen. Die finanziellen und materiellen Grundlagen sollten kein allzu großes Problem darstel len, zumal auch immer genügend Kraft dafür vorhanden sein wird, materielle Gü- ter zu erwerben, wenn nicht gar zu Reich- tum zu gelangen. Wenn es sich um einen hauptsächlich materiell veranlagten Men- schen handelt, wird er sich früher oder spä- ter die Frage stellen, woher diese Energie eigentlich kommt.

Wird das innere Feuer nicht mit dem Ver- stand/Willen gelenkt, sondern mit Emotio- nen und Instinkten, wirkt dieser Mensch vielleicht aggressiv, oder so wie eine Na- turgewalt.

In welchen Bahnen diese Energie schließ- lich landet, zeigt die Folgerune und woher sie kommt die vorhergehende, wenn es eine gibt.

URUZ   ᚢ   Ein aus der Urkraft schöpfender Mensch, der sehr bodenständig und traditionell ver- anlagt ist. Traditionen haben eine große Be- deutung für ihn, woraus er seine Kraft schöpfen kann. Ebenso wie die Traditio- nen spielen auch die Erdkräfte eine große Rolle für sein Wohlbefinden.

Meistens sehr ruhig, solange er nicht gereizt wird, jedoch kann es dann zu unerwarteten und manchmal auch unangemessenen Wutausbrüchen kommen.

THURISAZ ᚦ Ein Mensch, der sein wirkliches Glück bestimmt nicht in einem Großraumbüro findet, sondern eher auf dem freien Land mit viel Natur in der Nähe. Aggressive Energie, die bei unterentwickelten Charakteren durchaus auch zur Wehleidigkeit führen kann. Wird die in großen Mengen vorhandene Energie auch umgesetzt, werden diese Menschen einen Wesensanteil tragen, der an einen Riesen erinnert.

ANSUZ ᚠ Das Wissen um die Kraft des Göttlichen prägt diesen Menschen, auch wenn er seine Spiritualität vielleicht nicht aktiv lebt. Meist handelt es sich hierbei um den Ausgleichspol zur vorangegangenen Rune. Manchmal muß man zur Deutung auch beide im Kontext betrachten, um zu einem umfassenden Ergebnis zu gelangen. Auch geistige Arbeit wird das Leben dieses Men schen bestimmen und bereichern.

RAIDHO ᚱ Das Reisen und die Bewegung stellen einen elementaren Punkt für diesen Menschen dar, der oft mehr Wichtigkeit einnimmt, als man sich selbst zugesteht. Es ist eine Form des Freiheitsdrangs zu beobachten, der sehr feinfühlig auf Einschränkungen jeder Art reagiert. Wenn die Bewegung (im Geiste oder Körper) nicht verwirklicht wird, verkümmert der Mensch.

KENAZ   ‹   Ausgezeichnete Anlagen, um andere Menschen und auch sich selbst zu analysieren, zu erkennen und zu durchschauen. Hat die Fähigkeiten anderer Menschen, wenn sie bereit für eine Veränderung sind, ideenkräftig auf dem Lebensweg weiterzuhelfen und sie sich selbst erkennen zu lassen. Oft sind dafür gar keine Worte nötig, da diese Menschen die Gabe haben, Situationen zu spiegeln und sie so anderen Menschen bewußt zu machen. Diese Gabe kann manchmal auch ein Fluch sein. Man bekommt das dann zu spüren, wenn diese Menschen glauben, was sie vor sich sähen, wäre man selbst. Führt oft zu Mißverständnissen.

Bei einem "ck" potenziert sich diese Spiegelwirkung, wobei die Mißverständnisse meistens etwas abgefangen werden ... warum auch immer.

GEBO   X   Das Geschenk des Lebens. Bemüht um Ausgleich und Gerechtigkeit. Kann auch zur Harmoniesucht führen. Will niemandem Schmerzen zufügen, weil das Wissen darum besteht, daß alles was gegeben wurde auch wieder genommen werden muß.

WUNJO   ᚹ   Eingebunden in einen starken Verband, einer Tradition oder Familie. Das Familienleben und der Zusammenhalt (kann auch eine Wahlfamilie sein) sind diesem Menschen beinahe wichtiger, als alles andere auf der Welt. Aus dem Stammesverband bezieht er seine Lebensfreude und Wohlbefinden, kann dieses auch ausdrücken und so vielleicht selbst einen Stammesverband, eine Familie gründen, die etwas anders ist, als Familien heutzutage sind.

HAGALAZ ᚺ   Die Kräfte der Unterwelt, des Unbewußten, manchmal auch des kollektiven Unbewußten, die, sofern sie in Bahnen gelenkt und bewußt gemacht werden, eine gute Menschenkenntnis mit sich bringen und auch ein großes Kraftpotential zur Verfügung stellen. Es kann aber auch ein verbrecherisches Potential vorhanden sein. Wenn der Druck durch Verdrängung zu groß wird, besteht die Gefahr der Flucht in Arbeit oder Drogen, wogegen jedoch eine intensive Auseinandersetzung mit dem Tod und den Schattenthemen dieser Welt helfen kann. Unentwickelt bringt dieses Potential Zerstörung, entwickelt Heil und Ganzheit.

NAUDHIZ ᚾ   Schicksalsschläge bringen diesen Menschen auf dem inneren Entwicklungsweg weiter und machen ihn reifer. Keine Veranlagung dazu, in Wehleidigkeit zu versinken, außer die Folgerune wäre "z" = umgekehrte Algiz. Meist wird die Kraft der vorangegangenen Rune durch diese Schicksalsrune verändert; manchmal im

Sinn ins Gegenteil verdreht, oder auch transformiert. Die Bedeutung spielt sich dann auf einer anderen Ebene, der materiellen, emotionalen oder geistigen ab.

ISA   I   Eine ausgeprägte Entwicklung des ICH ist wichtig für den gesamten Lebensweg, was jedoch keine Probleme bereiten sollte. Durch Beschäftigung mit Meditationstechniken wird diese Kraft hervorragend zur Selbstfindung eingesetzt und kann sich über die egoistische Erstarrung hinausentwickeln. Ohne spirituelle Betätigung kann diese Kraft auch zu sehr starren Ansichten führen, an denen nicht gerüttelt werden darf, da sonst das Weltbild dieses Menschen sich in Gefahr befinden würde.

JERA   ᛃ   Ernte vergangener Taten. Einschnitt in das Leben, welcher durch das Schicksal (Resultat aus vergangenen Taten) verursacht wurde.

PERTHRO   ᛈ   Kreativität und Schöpferkraft. Eine gestalterische Veranlagung ist im materiellen Bereich besonders ausgeprägt. Möchte etwas hervorbringen und je nachdem, welche anderen Kräfte noch wirksam sind, mehr im geistigen oder eben im materiellen Bereich.

ALGIZ   ᛉ   Konfrontation mit dem Tod, der Transformation und dem Wandel eines Zustandes, wenn dies angenommen werden kann. Setzt sich der Betroffene nicht mit den

Wandlungsprozessen des Lebens auseinander, stagnieren die Lebenskräfte. Besonders wenn "Z" am Ende des Namens auftritt. An einer anderen Position geht es lediglich um die Auseinandersetzung mit dem Tod, mehr als andere Menschen dies tun werden.

SOWILO ⚡ Sonnenkraft läßt siegen. Lebensfreude und wortwörtliches Strahlen sind bestimmende Kräfte dieses Menschen. Kein Mensch von Traurigkeit. Wird immer etwas positives finden, mit dem der Sumpf des Lebens verlassen werden kann. Sollte aber auch auf seine Kräfte achten, denn unerschöpflich sind diese auch nicht.

TIWAZ ↑ Kriegermentalität, die sich nicht so leicht unterkriegen läßt. Findet immer ein Ziel, dem es sich lohnt zu folgen und steht stark dafür ein.

BERKANA ᛒ Die Kraft der Weiblichkeit, mit ihren hellen und dunklen Seiten, wird mit all ihren Reizen ausgelebt. Kann bei Männern auch auf den Einfluß einer starken Frau hinweisen.

EHWAZ ᛗ Dieser Mensch wird eine Zeit lang in seinem Leben von einer inneren Ruhelosigkeit und vielleicht auch Übermäßigkeit begleitet werden, die sich erst in vernünftige Bahnen bringt, wenn er die Folgerune bewußt in seinem Leben integriert hat. Steht

Ehwaz am Ende des Namens, bleibt meist die Ruhelosigkeit.

Mit diesen Anlagen beglückte Menschen sind jedoch sehr partnerschaftlich und lieben nichts mehr, als produktiv mit anderen Menschen zusammenzuarbeiten, solange die Arbeit gleichberechtigt vonstatten geht.

MANNAZ ᛗ Wenn nicht durch andere Aspekte völlig getrübt, verweist dies auf einen Menschen, der die Qualitäten des Menschlichen sehr hoch hält und die Gesellschaft von Freunden liebt. *Guter Kumpel*, der auf Gleichberechtigung und Ausgeglichenheit sehr großen Wert legt.

LAGUZ ᛚ Manchmal können Gefühle diesen Menschen sehr stark ins Schwanken bringen und vielleicht auch mehr als andere Menschen in die Versuchung führen Drogen zu nehmen, um die große Sensibilität und Gefühlsstärke nicht mehr so intensiv wahrnehmen zu müssen.

INGUZ ◇ Benötigt Phasen der Ruhe und Zurückgezogenheit, um sich selbst nicht zu verlieren und immer wieder einmal den Lebensweg zu betrachten und an die eigentlichen Bedürfnisse anzupassen. Diese Phasen der Besinnung sind ausgesprochen wichtig, wenn nicht immer "das Schicksal" schuld sein soll.

DAGAZ ᛞ Große spirituelle Veranlagung, die nicht nur dazu genutzt werden sollte, die licht– und liebevollen Aspekte der Esoterik zu nutzen. Hierbei ist eine Auseinandersetzung mit den Schattenthemen ebenfalls sehr wichtig, da diese Kraft keine Extreme, sondern nur Mittelwerte und Mittelwege kennt.

OTHALA ᛟ Darauf bedacht, eine Familie oder einen Stamm zu gründen, um im Leben einen vernünftigen Platz zu finden, sozusagen nach Hause kommen zu können. Gemeinschaftsleben ist sehr wichtig für diesen Menschen, solange es Formen familiärer oder gleichberechtigter Partnerschaftlichkeit in sich trägt.

Deutungsbeispiel für einen Namen

Um niemanden aus meinem Bekannten- und Freundeskreis bloß-zustellen, wähle ich für das Deutungsbeispiel einmal meinen eige-nen Namen.

ᛁᛊᛟᚱ ᚠᚨᚱᛏᛁᚲᚲ

Der Vorname – Die Umsetzung

Die Kräfte ruhen (ISA) und ich weiß, daß mein Weg am effek-tivsten verläuft, wenn ich mich auf das Wesentliche konzentriere. Trotzdem neige ich dazu, mich immer mal wieder zu verzetteln und eben nicht konzentriert bei der Sache zu sein. Das Ergebnis davon ist dann meistens ein Zusammenbruch auf irgend eine Art und Weise und ich besinne mich automatisch wieder auf die Gabe der Konzentration auf das Wesentliche – und siehe da, alles geht wieder fast wie von selbst.

Das Bedürfnis nach Harmonie (GEBO) ist bei mir sehr groß und wenn diese Harmonie gestört wird, reagiere ich empfindlich. Ebenso bin ich auch immer um einen gerechten Ausgleich zwi-schen Menschen bemüht. Balance und inneres Gleichgewicht sind mir sehr wichtig. Anfangs führte das Bedürfnis nach Harmonie dazu, daß ich mich nicht wehrte und meine Meinung für mich be-hielt; etwas später im Leben stellte sich dann eine andere Spielart ein und seitdem bekommt jeder das von mir, was er selbst bereit zu geben ist; eine andere Art des Ausgleichs.

Die Suche nach meinem persönlichen Zuhause (OTHALA) hat mich schon immer durch das Leben getrieben. Vielleicht wandelt sich dieser suchende Drang, wenn ich das Suchen aufgegeben habe und durch das Loslassen endlich meine Heimat finden konnte. Es geht dabei nicht nur um ein materielles Zuhause, sondern vielmehr auch um eine produktive Gemeinschaft, die meinen Geist berei-chert. Doch diese Suche verlief nie erfolgreich, da es gerade Gemeinschaften sind, die ich absurder Weise nicht lange ertrage und der letzte Buchstabe meines Vornamens zum Tragen kommt:

Die Lust an der Bewegung und die Freude am Reisen (RAIDHO) machen sich dann breit und ich kehre der Gemeinschaft wieder den Rücken zu. Doch weiß ich darum, daß ich im Grunde aller Dinge allein bin – und schon bin ich wieder am Anfang meines Vornamens. Ein kleiner Kreis war es, - für eine lange Zeit -, und es dauerte, bis ich aus der Ebene in die Spirale wechseln konnte und mir nun immer wieder eine neue Ebene dieser Gaben des Weges anschauen kann.

Der Nachname – Die Grundlagen

Die Thematik der persönlichen Heimat, die wir bereits im Vornamen gefunden haben, taucht beim Nachnamen gleich am Anfang auf, wenn auch in einer anderen Form (WUNJO). Hier geht es um die Eingebundenheit in einen Stamm oder eine Familie und die daraus resultierende Lebensfreude. Ist die Familie, das geistige Zuhause intakt, dann kann ich daraus eine große Menge Lebensfreude und Kraft tanken. Der folgende Aspekt macht sich nicht nur dadurch sehr ausgeprägt bemerkbar, daß viele meiner Vorfahren Theologen waren, sondern eben auch dadurch, daß ich den Kontakt zu den unsichtbaren Dingen des alltäglichen Lebens nicht scheue. Die Inspirationen kommen aus dem Göttlichen, oder wie wir diese Sphäre auch immer nennen wollen (ANSUZ). Die sich daraus auch ergebende geistige Arbeit paßt ja nun gut zu einem Schriftsteller. Der Aspekt des Reisens (RAIDHO) findet sich nicht nur im Vornamen, sondern auch hier wieder. Diese Form des Freiheitsdranges scheint mir also schon in die Wiege gelegt worden zu sein. Aber auch das Schicksal bleibt mit seinen Schlägen nicht aus (NAUDHIZ) und führt in unserer Familie immer zu einer dramatischen Wende. Irgendwie geht es dann aber doch immer weiter, wenn auch innerlich verändert und anders als vorher. Die Pferdekraft

(EHWAZ) treibt voran und aktiviert immer unglaubliche Kräfte, die bis hin zur Übermäßigkeit gehen können. Die eigenen Kräfte kennenzulernen und mit ihnen vernünftig umzugehen, gehört zu meinen Zentralthemen im Leben. Sodann folgt zweimal die Rune KENAZ: Die Gabe, in andere Menschen und in sich selbst hineinschauen zu können. Gerade die Selbstanalyse hat mich zu dem gemacht, der ich heute bin.

VI.
RUNEN
UND
ZAHLEN

Zahlenspielereien

Gleich vorweg: Es gibt keine historischen Belege dafür, daß jemals Zahlenmagie und Runenmagie kombiniert wurden, auch wenn in fast jedem Buch über Runenmagie davon die Rede ist. Doch nicht alles, was nicht historisch zu belegen ist, ist wirkungslos. Ich sehe es als Aufgabe von uns Menschen an, auch exoterische Traditionen weiterzuentwickeln und mit ihnen zu experimentieren. Die von mir vorgenommenen Versuche zur Deutung von Personennamen, Städtenamen, Geburtsdaten und runischen Zaubersprüchen zeitigten durchweg gültige Ergebnisse. Aus diesem Grund möchte ich Ihnen hier die Technik der runischen Zahlenmagie vorstellen.

Aus der kabbalistischen Wissenschaft kennen wir die Anwendung der Zahlenmagie, welche durch Umsetzung von Buchstaben in Zahlen und daraus resultierenden Quersummen zu der wahren Bedeutung von Wörtern kommen möchte. Die kabbalistische Wissenschaft sucht sozusagen nach der magischen Wirksamkeit eines Wortes, um in ihm das Göttliche zu finden.

Alle mir bekannten Runenautoren haben bisher auf ein Zahlensystem zurückgegriffen, welches sich im Mittelalter unter den Mystikern etabliert hat und sich größtenteils aus den kabbalistischen Wissenschaften ableitet. Das von mir entworfene Modell basiert nun nicht nur auf den Zahlen 1 bis 9, welche durch Quersummenbildung erreicht werden, sondern auf der Gesamtzahl der Runenreihe des altgermanischen Futhark: 24. Die Deutung der Zahlenreihe ist hierbei an die Bedeutung der einzelnen Runen angelehnt: 1 = FEHU, 24 = OTHALA. Diese Umsetzung können Sic der unten angeführten Liste entnehmen.

Entwickeln Sie auch Ihre eigenen Ideen und Versuche mit Zahlen und Runen. Es mag vielleicht wie ein Zeitvertreib erscheinen, ohne wirklichen Sinn und Grund, aber vielleicht finden Sie auf diese Art und Weise einen Schlüssel für Ihre eigene Wahrheit der Welt. Die Arbeit, diesen Schlüssel zu finden, kann Ihnen niemand abnehmen.

Um die Bedeutung einer der folgenden Geburts–, Namens– oder Partnerschaftsrunen nachzulesen, schauen Sie in der Tabelle "Stichworte zur Deutung der Geburts–, Namens– und Partnerschaftsrunen" (S.129ff) sowie unter "Die Bedeutung der einzelnen Runen" (S.133ff) nach.

Umsetzungstabelle: Runen zu Zahlen

ᚠ	ᚢ	ᚦ	ᚨ	ᚱ	ᚲ	ᚷ	ᚹ
1	2	3	4	5	6	7	8

ᚺ	ᚾ	ᛁ	ᛃ	ᛇ	ᛈ	ᛉ	ᛊ
9	10	11	12	13	14	15	16

ᛏ	ᛒ	ᛖ	ᛗ	ᛚ	ᛜ	ᛞ	ᛟ
17	18	19	20	21	22	23	24

Die Geburtsrune

Die Bedeutung der Geburtsrune

Die Geburtsrune zeigt Ihnen die runische Energieform, welche am Tag Ihrer Geburt vorherrschend war. Diese Energieform können Sie wie einen Stern, unter dem Sie geboren wurden, betrachten. Es ist so etwas wie eine Kraft, die einen Menschen ein Leben lang begleitet, ebenso wie das Sternzeichen, in dem man geboren wurde, nur stellt sich hier die Ausdeutung nicht so komplex dar, wie in der Astrologie. Runen haben sowieso die Angewohnheit, eher klare und eindeutige Antworten zu geben, an denen man nicht sehr viel herumzudeuten braucht.

Wenn Sie mögen, können Sie selbstverständlich für jeden Tag des Jahres eine solche Tagesrune berechnen und dann Ihre eigenen Eindrücke über das Jahr hinweg sammeln. Damit lernen Sie das System besser kennen.

So errechnen Sie Ihre Geburtsrune

Nehmen wir einfach mal an, Sie wären am 12. September 1956 geboren. Dann rechnen Sie: $12 + 9 + 1956 = 1977$

Daraus machen wir jetzt eine Quersumme, die kleiner als 25 ausfallen muß:

$1 + 9 + 7 + 7 = 24$

Somit ist Ihre Geburtzahl 24, also die Rune OTHALA.

Noch ein Beispiel. Diesmal nehmen wir meinen eigenen Geburtstag, den 12. März 1968

Berechnung: $12 + 3 + 1968 = 1983 = 1 + 9 + 8 + 3 = 21$

Somit ist meine Geburtszahl 21, also die Rune LAGUZ.

Zur Deutung schlagen Sie unter "Die Bedeutung der einzelnen Runen" (S.133ff) nach.

Die Namensrune

Die Bedeutung der Namensrune

Bei der Errechnung der Namensrune finden drei Prozesse statt: Zunächst setzen wir den herkömmlichen Buchstaben des Alphabets in eine Rune um, nehmen dann den Zahlenwert der Rune, zählen die Werte des Namens zusammen (Vornamen und Nachname) und bilden daraus eine Quersumme welche zwischen 1 und 24 liegen darf, und somit die Ordnungszahl einer der Runen darstellt. Das hört sich komplizierter an, als es in Wirklichkeit ist. Sie können auf diese Art und Weise auch Städtenamen oder Namen anderer Art untersuchen und selbstverständlich auch runische Zaubersprüche. Dann brauchen Sie den ersten Schritt der Umsetzung natürlich nicht mehr und der Zauberspruch muß im altgermanischen Futhark geschrieben sein. Für andere Futharks gibt es andere Schlüssel.

Die Namensrune drückt nun die zahlenmagische Ebene des Namens aus, sozusagen die Quintessenz. Was versteht man darunter? Es ist das spirituelle Wesen des Namens, das sich hier abbildet. Darüber können Sie meditieren, oder vielleicht kommt Ihnen auch sofort eine Erklärung dafür, was das bedeuten könnte. Es dient hauptsächlich dazu, hinter die klar ersichtlichen Formen zu schauen und die tieferen Ebenen zu erkennen.

Die Stadt FRANKFURT hat zum Beispiel nach diesem System den Zahlenwert 6, welcher der Rune Kenaz entspricht. An Reflektion und Bewußtwerdung würde man vielleicht nicht im ersten Moment denken, wenn man an Frankfurt denkt, sondern eher an Banken und eine große Metropole. Betrachten wir aber das Ergebnis mit einigem Abstand und suchen nach der Bedeutung hinter dem Offensichtlichen, dann spiegelt Frankfurt stärker als manche andere Stadt das Verhalten der Menschen in Deutschland wieder und eben diese Aufgabe hat ja die Rune Kenaz.

Umsetzungstabelle: Alphabet zu runischen Zahlen

A	ᚠ	4
B	ᛒ	18
C	ᚲ	6
D	ᛗ	23
E	ᛗ	19
F	ᚠ	1
G	ᚷ	7
H	ᚺ	9
I	ᛁ	11
J	ᛃ	12
K	ᚲ	6
L	ᛚ	21
M	ᛗ	20
N	ᚾ	10
NG	◇	22
O	ᛜ	24
P	ᚲ	14
Q	ᚲᚢ	8
R	ᚱ	5
S	ᛋ	16
T	ᛏ	17
TH	ᚦ	3
U	ᚢ	2
V	ᚹ	8
W	ᚹ	8
X	ᚲᛋ	22

Y	ᛦ	12
Z	ᛨ	15

So errechnen Sie Ihre Namensrune

Zur Verdeutlichung wähle ich einmal meinen eigenen Namen. Wir müssen die Buchstaben in Runen und dann in ihren Zahlenwert übersetzen:

I	ᛁ	11
G	ᚷ	7
O	ᚭ	24
R	ᚱ	5
W	ᚹ	8
A	ᚠ	4
R	ᚱ	5
N	ᚾ	10
E	ᛗ	19
C	ᚲ	6
K	ᚲ	6

GESAMT:	105	
QUERSUMME:	6	
NAMENSRUNE:	ᚲ	KENAZ

Die Partnerschaftsrune

Die Bedeutung der Partnerschaftsrune

Die Partnerschaftsrune stellt die Summe und Quersumme zweier Namen dar. Dies können persönlicher Name und Firmenname, oder persönlicher Name und der Name eines Partners sein. Es hindert Sie auch niemand daran, die Summe für eine ganze Anzahl von Menschen, die als Gruppe auftreten, zu berechnen. Experimentieren Sie, und lassen Sie den Taschenrechner für Sie arbeiten. Die aus diesen Berechnungen hervorgehende Quintessenz steht für die Wirkung, die diese beiden Menschen, oder was auch immer, auf die Umwelt haben. Selbstverständlich kann man daraus auch entnehmen wie man sich selbst zum Beispiel durch einen Partnerwechsel verändert, oder durch den Wechsel in eine andere Stadt, etc. ... Experimentieren Sie und sammeln Sie Ihre eigenen Eindrücke und Erkenntnisse. Lassen Sie sich von den Stichworten in der Tabelle "Stichworte zur Deutung der Geburts–, Namens– und Partnerschaftsrunen" (S.129ff) inspirieren. Unter "Die Bedeutung der einzelnen Runen" (S.133ff) erhalten Sie dann umfassendere Antworten, welche Ihre Inspirationen ergänzen sollten.

So errechnen Sie Ihre Partnerschaftsrune

Name des Partners (Quersumme) + Name selbst (Quersumme) = Summe und davon Quersumme kleiner als 25.

Entnehmen Sie die Buchstabenwerte der Umsetzungstabelle Alphabet zu runischen Zahlen.

Beispiel:

J	O	A	C	H	I	M	W	A	R	N	E	C	K
12	24	4	6	9	11	20	8	4	5	10	19	6	6

E	L	F	R	I	E	D	E	J	O	H	A	N	N	A
19	21	1	5	11	19	23	19	12	24	9	4	10	10	4

L	E	H	M	A	N	N
21	19	9	20	4	10	10

Joachim Warneck = 144 = 9 = HAGALAZ

Elfriede Johanna Lehmann = 284 = 14 = PERTHRO

9 + 14 = 23

Die Partnerschaftsrune meiner Eltern ist also: DAGAZ

Stichworte zur Deutung der
Geburts–, Namens– und Partnerschaftsrunen

RUNE	Assoziationskette	Traditionelle Bedeutung
Fehu ᚠ	Feuer, Fruchtbarkeit, Fackel, Freiheit, Freigebigkeit, Erotik, Schaffenskraft, Eigentum, Geld, Energie	Vieh, bewegliches Eigentum, Geld
Uruz ᚢ	Erdkraft, Ursprung, Urkraft, Urquell, Urzeit, Urkuh (Audhumla), Auerochse, Urmutter, Göttin, Muttergöttin, Die Gebärende und Verschlingende, Urbarmachung, Urmuster, Urd	Auerochse
Thurisaz ᚦ	Aggression, Durchsetzungsvermögen, Thursen, Riesen, Riesenkraft, Elementarkräfte, Donar, Zorn, Abwehr, Schutz, Verteidigung, Willenskraft	Riese
Ansuz ᚨ	Göttlichkeit, Gottsuche, Ase, Atem, Götteratem, Geist, Ond (isländisch: Atem), Lebensatem	Ein Gott oder Ase

Raidho ᚱ	Reiten, Reisen, Raten, Richten, Rhythmus, Ritual	Reiten
Kenaz ᚲ	Fackel, Fackelträger, Licht im Dunkel, Mondschein, der Mond, Mani, Bruder der Sol, Widerschein, Spiegelung, Reflektieren, Wissen	Fackel
Gebo ᚷ	Gabe, Geschenk, Geben und Nehmen, Austausch, Harmonie, fließende Energie, Stabilität, Sicherheit	Gabe, Geschenk
Wunjo ᚹ	Fröhlichkeit, Vollkommenheit, bewußtes Sein im Unendlichen, Stammesfahne, Freude durch Freundschaften, Harmonie, Wonne, Wohlbefinden	Fröhlichkeit, Vollkommenheit
Hagalaz ᚺ	Hag, Hain, Allhain, Hagel, Zerstörung, Hel, Helweg, Helheim, Vereinigung der Gegensätze, Weg der Wölfe, grauer Weg	Hagel
Naudiz ᚾ	Not, Neid, Notwende, Notfeuer, Nornen, Schicksal, Orlög, Notwendigkeit	Not
Isa ᛁ	Eis, Erstarrung, Verhärtung, Ego, Ich, Individuum, Konzentration, Himmel/Erde-Verbindung	Eis

Jera ᛃ	Jahr, Jahreslauf, Saat und Ernte, Geburt, Leben, Tod, Spirale	Jahr, Ernte
Eiwaz ᛇ	Eibe, Einweihung, Zauber-tor, Tor zur Unterwelt, Ver-bindung zwischen Ober– und Unterwelt, Tod und Leben, Transformation/ Umwandlung	Eibe
Perthro ᛈ	Pferch, Kessel, Gebärmut-ter, Mimirs Brunnen der Weisheit, Geburt, Einweih-ung, Wissen	Würfelbecher, *Geburt*
Algiz ᛉ	Kosmische Zwillinge, Ver-bindung zwischen Himmel und Erde, dazwischen der Mensch, Leben und Tod, Rabenfuß	Abwehr (?), Schutz
Sowilo ᛋ	Sonne, Lebenskraft, Ener-gie und Materie, Energie und Geist, Vollkommenheit, Willen, Kundalini	Sonne
Tiwaz ᛏ	Tyr, Thing, Irminsul, Ge-rechtigkeit, Krieger, gerich-tete Kraft	Der Gott Tyr
Berkana ᛒ	Birke, Birkengöttin, Die große Mutter, Geburt, Schutz	Birke
Ehwaz ᛖ	Pferd, Reiten, Fortbeweg-ung, Pferd & Reiter, Part-nerschaft, Ehe	Pferd

Mannaz ᛗ	Mann, Menschen, Partnerschaft, Ausgewogenheit der Kräfte im Menschen	Mensch
Laguz ᛚ	Lauch und Lein, Leben, Gefühl, Empathie, Sensibilität, Wasser, Ebbe und Flut	Lauch
Inguz ᛜ	Schutz, Ei, Umfriedung	Der Gott Yngvi– Freyr
Dagaz ᛞ	Tag, Der graue Weg, Paradoxon des Augenblicks, Heilige Hochzeit	Tag
Othala ᛟ	Heimat, Umfriedung, Stamm, Sippe, Familie, Wurzeln des Individuums, Erbe, Generationswissen	ererbter Besitz

VII.
DIE
BEDEUTUNG DER
EINZELNEN RUNEN

FEHU

Buchstabe: F

Sinnbild: Tierherde

Kraft: Feuer

Bedeutung: Die Rune Fehu steht für Energie und Reichtum. Zuviel Energie, vor allem wenn sie nicht zielgerichtet eingesetzt wird, erzeugt Chaos. Fruchtbarkeit und Kreativität stehen ebenfalls für diese Rune.

Losung: Energie ist unendlich, wenn wir sie nicht blokkieren.

Das Altnordische Runengedicht:

Fé ist eine Quelle der Zwietracht unter Verwandten,

Der Wolf lebt im Wald

Orakel: Grundlage für jede Art eines Anfangs. Sie haben genügend Energie, um Vorhaben aller Art zu verwirklichen. Um finanzielle Angelegenheiten brauchen Sie sich ebenso wie um Ihre Kraftreserven gerade keine Sorgen zu machen. Wenn die materiellen Belange des Geldes und der Kraft noch nicht gesichert sind, so wird dies in naher Zukunft geschehen. Setzen Sie die Ihnen zur Verfügung stehende Energie sinnvoll und zielgerichtet ein. Verzetteln Sie sich dabei nicht, sonst bricht das Chaos der Unordnung über Sie herein.

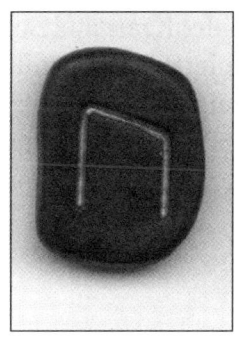

URUZ

Buchstabe: U

Sinnbild: Auerochse

Kraft: Erdkraft

Bedeutung: Die Rune Uruz steht für gebundene, feurige Energie. Schafft den Boden für kraftvolle Taten und die Verwurzelung in der Welt.

Losung: Wenn wir als Mensch den Boden unter den Füßen verlieren, haben wir den Kontakt zu unserer Mutter verloren.

Das Altnordische Runengedicht:

Schlacke kommt aus schlechtem Eisen,

Das Rentier läuft oft über gefrorenen Schnee.

Orakel: An materiellen Dingen wird dieses Projekt nicht scheitern. Sie stehen mit beiden Beinen auf der Erde und können nun ruhig alles angehen. Lassen Sie sich aber auch nicht zuviel Zeit, um anstehende Projekte zu verwirklichen, sonst bringen Sie Ungeduld oder sich aufstauende Emotionen zum Explodieren. Sie verfügen über die

Gaben der Kraft und Schnelligkeit. Die Energie, die Sie jetzt haben, will umgesetzt werden. Eine gute Zeit, um liegengebliebene und verschobene Aufgaben endlich anzugehen.

THURISAZ

Buchstabe: TH

Sinnbild: Riese oder Donner

Kraft: Explosion

Bedeutung: Die Rune Thurisaz steht für die Kraft der Riesen; eine aggressive und zerstörerische Kraft, wie sie sich in Blitz und Donner ausdrücken kann. Diese Kraft kann Angst machen, jedoch auch dabei helfen, Angst zu überwinden und endlich aktiv zu werden.

Losung: Aus Angst verdrängte Kraft zerstört uns selbst.

Das Altnordische Runengedicht:

Der Dorn bereitet den Frauen Ärger,

Unglück macht wenig Männer froh.

Orakel: Wenn Sie jetzt nicht damit anfangen, sich zu wehren, dann werden Sie sich bald in schweren Konflikten befinden, die durchaus auch aggressiver Natur sein können. Werden Sie sich ihrer Stärke bewußt und wandeln Sie Ihre Angst angemessen um. Lernen Sie zu kämpfen, stark zu sein und zu Ihren Bedürfnissen zu stehen.

ANSUZ

Buchstabe: A

Sinnbild: Asen–Gott Odin

Kraft: Wind

Bedeutung: Die Rune Ansuz steht für die göttliche (spirituelle) Kraft des Lebens, wie sie sich durch den alles durchdringenden Wind oder den Gott Odin ausdrückt.

Losung: Die Weisheit unserer heimatlichen Gottheiten begleitet uns, wenn wir sie nicht vergessen.

Das Altnordische Runengedicht:

Óss ist der Weg der meisten Riesen,

Die Scheide ist für das Schwert.

Orakel: Sie erhalten bei Ihren Taten Hilfe von *oben*, von Ihren Gottheiten. Beschäftigen Sie sich mit dem Gott Odin/Wotan, seinen Listen und Praktiken, lassen Sie sich durch die kosmische Weisheit beflügeln. Scheuen Sie auch nicht davor zurück die Kraft Ihres Geistes einmal durch Diskussionen, Streitgespräche, Listen und Tücken zu gebrauchen.

RAIDHO

Buchstabe: R

Sinnbild: Reiten oder Reiter

Kraft: Rhythmus

Bedeutung: Die Rune Raidho symbolisiert den Rhythmus des Lebens und die Bewegung durch Reisen in Welten Ihrer Wahl.

Losung: Den Rhythmus des Lebens finden wir während der Bewegung und sind immer zur rechten Zeit am rechten Ort.

Das altnordische Runengedicht:

Ræið soll das Schlimmste für Pferde sein,

Reginn schmiedete das beste Schwert.

Orakel: Ihnen steht eine Reise oder ein Umgebungswechsel bevor, der Sie die Heimat wieder erspüren und schätzen läßt oder Sie zu neuen Ufern bringt. Wenn Sie jetzt beharrlich an Konventionen oder Altbewährtem festhalten, kommen Sie im Leben nicht weiter. Ihre Reise kann von weltlicher oder von innerer Art sein. Versuchen Sie dabei Ihrem ureigenen Rhythmus treu zu bleiben, oder ihn zu finden.

143

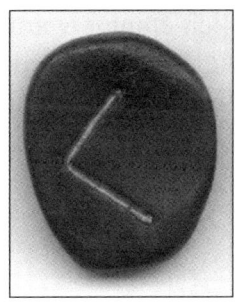

KENAZ

Buchstabe:	K oder C
Sinnbild:	Spiegel
Kraft:	Reflektion, Bewußtseinserweiterung
Bedeutung:	Die Rune Kenaz symbolisiert den Spiegel unseres Bewußtseins. Wie in einem Parabolspiegel werden hier viele Informationen oder auch auf uns einströmende Kräfte gebündelt und sozusagen auf einen Brennpunkt gebracht.
Losung:	Im Spiegel des Lebens erkennen wir uns selbst.

Das Altnordische Runengedicht:

Kaun ist für Kinder tödlich,

Der Tod macht die Leiche blaß.

Orakel:	Es ist jetzt eine wichtige Zeit dafür, Ihre Projektionen zu erkennen und die Wirklichkeit wahrzunehmen. Oft beweisen wir uns täglich nur was wir denken oder zu wissen glauben, indem wir im Außen eine Bestätigung dafür finden. Die Gelegenheit ist günstig, um einmal das Denken als Werkzeug einzusetzen und andere Projektionen der Wirklichkeit zuzulassen. Fragen Sie sich doch

zusätzlich einmal, warum Ihnen immer eine bestimmte Situation widerfährt. Ihr Bewußtsein
wird große Sprünge machen, wenn Sie eine ob-
jektive Antwort darauf gefunden haben und die
Schuld nicht immer bei anderen suchen.

GEBO

Buchstabe: G

Sinnbild: Gabe

Kraft: Austausch / Geschenk

Bedeutung: Die Rune Gebo symbolisiert den Ausgleich zwischen Geben und Nehmen, zwischen Oben und Unten. Ein Geschenk freut sich über ein Gegengeschenk. Hier findet sich auch die Antwort auf die Schicksalsfrage der Germanen: das Schicksal war nicht unabdingbar, sondern eines, das sich verändern ließ. Jeder war also Meister seines Weges.

Losung: Eine Gabe bedingt eine Gegengabe.

Das Altnordische Runengedicht: FEHLT

Orakel: Sie sind nicht alleine auf dieser Welt. Wenn Sie jetzt Hilfe von anderen Menschen benötigen, wird Ihnen diese gewährt, vorausgesetzt Sie fragen danach. Vielleicht benötigt aber auch ein anderer Mensch jetzt gerade Ihre Hilfe; gewähren Sie sie ihm. Es ist auch eine gute Zeit, um Neues zu lernen und sich mit Freunden auszutauschen. Begleichen Sie Ihre Schulden, egal in welcher Beziehung oder Form sie existieren und führen Sie einen gerechten Ausgleich herbei. Es ist nicht gut, für lange Zeit in der Schuld eines anderen Menschen zu stehen. Machen Sie sich auch Gedanken darüber, wie Ihre Form des Gebens und Nehmens mit dem Planeten Erde ausschaut, auf dem Sie seit Geburt an leben und der Sie ernährt. Wenn Sie gerade der Meinung sind, Ihnen würde Ungerechtigkeit widerfahren, dann denken Sie doch einmal über Ihre vergangenen Taten in diesem Leben nach.

WUNJO

Buchstabe: W

Sinnbild: Stammesfahne

Kraft: Freude und Wonne

Bedeutung: Die Rune Wunjo symbolisiert die Stammesfahne. Jeder Mensch trägt eine solche Fahne mehr oder weniger offensichtlich auf einer unsichtbaren Ebene mit sich herum und wir verschaffen uns darüber unseren ersten Eindruck. Lebensfreude und die Wonne des Lebens, die Glückseligkeit sind eines der höchsten Güter von uns Menschen. Sicher muß man an sich selbst einiges an Vorarbeit leisten, um diesen Zustand zu erlangen. Besonders wichtig sind dabei Freunde, mit denen man zusammenleben kann und die einen im Leben begleiten. Wichtig ist aber auch, daß man in sich selbst gefestigt ist, und die eigene Seele sozusagen in einem festen Haus sicher beherbergt wird.

Losung: Wenn die Seele zufrieden und sicher ist, wird der Mensch glücklich.

Das Altnordische Runengedicht: FEHLT

Orakel:　　　　Entweder Sie erleben gerade das tiefe Gefühl von Glückseligkeit, Wonne und Zufriedenheit mit den Menschen, mit denen Sie zusammenleben, oder Sie sind auf der Suche danach. Vergessen Sie dabei nicht die notwendige Vorarbeit: Materielle Sicherheit, Lebenssinn und Freude sollten schon in Ihrem Leben Einzug finden, damit Sie Wunjo genießen können. Werfen Sie auch einen Blick auf Ihren Freundes– und Bekanntenkreis, vielleicht ist es an der Zeit manche Beziehungen abzubrechen, neu zu definieren oder neue Beziehungen einzugehen.

HAGALAZ

Buchstabe:	H
Sinnbild:	Hagel
Kraft:	Zerstörung
Bedeutung:	Die Rune Hagalaz symbolisiert Heil und Zerstörung zugleich, je nachdem in welchem Stadium der eigenen Entwicklung man sich gerade befindet. Manchmal können festgefahrene und unlösbare Probleme bzw. Blockaden gerade durch eine Zerstörung gelöst, ja aufgelöst werden und schon kommt das Heil wieder in das eigene Leben zurück.
Losung:	Durch Zerstörung zur Ganzheit gelangen.

Das Altnordische Runengedicht:

Hagall ist das kälteste Korn,

Der Leuchtende schuf die Welt in alter Zeit.

Orakel:	Wenn Sie die Abgründe Ihrer Seele kennen und ein bewußtes Leben führen, wird Ihnen Hagalaz frischen Wind ins Leben bringen und Sie können unbesorgt weitergehen. Die möglicherweise auftauchenden dunklen Seiten des Lebensweges

151

werden Sie nicht erschrecken oder aus der Bahn werfen. Wenn Sie jedoch bisher Ihre weniger schönen Gefühle, Instinkte und Taten immer wieder verdrängt haben, ist es jetzt höchste Zeit, sich mit ihnen auseinanderzusetzen und in geeignete Bahnen zu lenken. Sie können unmöglich ein Leben lang vor sich selbst, vor Ihrem eigenen Wesenskern davonlaufen. Die Welt besteht auch nicht nur aus sonnigen Erlebnissen, aber alles was passiert oder Ihnen widerfährt ist gut. Es gibt immer zwei Seiten und die sollten Sie nun kennenlernen und ihre Anwesenheit akzeptieren. Wenn Sie gerade mit Verbrechen oder anderen Abscheulichkeiten konfrontiert werden, setzen Sie sich mit den Entsprechungen dazu in Ihrem Inneren auseinander.

NAUDIZ

Buchstabe: N

Sinnbild: Schicksal

Kraft: Notwende

Bedeutung: Die Rune Naudiz symbolisiert die Kräfte der drei Nornen Urd, Verdandi und Skuld. Sie weben, hegen und zerschneiden den Lebensfaden eines Menschen. Wir haben es hier mit etwas anderem als mit dem klassischen Begriff des Schicksals zu tun, da wir durch unsere Taten stets das Muster des von den Nornen gewebten Weges verändern können und nicht nur davon abhängig sind. Die Rune Naudiz tritt immer zu Zeiten in Erscheinung, in denen zum einen ein grundlegendes Überdenken des Lebensweges angezeigt ist oder zum anderen eine einschneidende Veränderung bevorsteht.

Losung: Ich vertraue den Kräften des Schicksals, weil ich meinen Weg zu lenken weiß.

Das Altnordische Runengedicht:
Nauðr lässt einem keine Wahl,
Ein nackter Mann friert in der Kälte.

Orakel: Sie stehen an einem Scheideweg im Leben, wie man ihm nicht all zu oft begegnet. Etwas Grundlegendes wird sich für Sie verändern, an dem Sie sich besser aktiv beteiligen sollten, wenn Sie nicht einfach abhängig von Ihrem Schicksal sein möchten. Sie haben die freie Wahl, und wenn Sie für das, wofür Sie sich entschieden haben, auch mit ganzer Kraft einstehen, dann wird Ihnen Hilfe von den Nornen zuteil. Es ist eine gute Zeit, um über den Lebenssinn nachzudenken, sowie Vorbereitungen für den weiteren Lebensweg zu treffen und schließlich in die Tat umzusetzen.

ISA

Buchstabe: I

Sinnbild: Eis

Kraft: Konzentration

Bedeutung: Die Rune Isa symbolisiert die Kräfte des Eises, also die der Konzentration, Klarheit und in verzerrter Form auch die der Erstarrung.

Losung: Ich besinne mich auf das Wesentliche und erlange Klarheit.

Das Altnordische Runengedicht:

Is wird eine breite Brücke genannt,

Der Blinde muss geführt werden.

Orakel: Es steht Ihnen eine Zeit der Ruhe bevor, oder Sie haben sich in eine Idee so verliebt, daß das zugrundeliegende Konzept Ihr Leben unbeweglich gemacht hat. Eine überdurchschnittliche Ausprägung des Ego führt nicht zu einem stabilen Selbstbewußtsein, sondern zu Angst vor Veränderungen. Sie sind nicht mehr so flexibel, wie Sie es sein sollten und können auf unerwartete Situationen nicht mit der nötigen Elastizität reagie-

ren. Kümmern Sie sich um Ihr Selbstbewußtsein,
werden Sie sich ihrer selbst und ihrer Bedürfnisse bewußt, dann brauchen Sie nicht zu erstarren
und nutzen Sie diese Zeit der Konzentration auf
das Wesentliche.

JERA

Buchstabe: J oder G

Sinnbild: Jahresrad

Kraft: Ernte und Wandel

Bedeutung: Jera symbolisiert den Lohn vergangener Taten. Die Samen, die einst gepflanzt wurden, können nun als reife Früchte geerntet werden. Dieser Zyklus kehrt regelmäßig wieder.

Losung: Die Zeit der Ernte ist gekommen – die Zeit, um nach getaner Arbeit die Früchte zu teilen.

Das Altnordische Runengedicht:

Ar ist ein Segen für die Menschen,

Ich sage, dass Frothi großzügig war.

Orakel: Wenn Sie Ihren Vorarbeiten vertrauen, könnten Sie nun guten Gewissens Ihre Ernte einfahren. Es wird sich etwas verwandeln in Ihrem Leben, jedoch nur im Sinne Ihrer Seele. Der Weg der Seele gleicht vielleicht nicht dem Ihres Verstandes, aber dann sollten Sie sich einmal Gedanken darüber machen, ob Sie Ihrem wechselhaftem

Verstand oder Ihrer alten Seele die Zügel für Ihr Leben in die Hand legen wollen. Die Jera–Rune symbolisiert den Jahreszyklus und ebenso wie es jedes Jahr Sommer wird, so wird die Situation, in der Sie sich gerade befinden, auch regelmäßig wiederkommen, und zwar genau solange, bis sich etwas Neues entwickelt hat.

EIWAZ

Buchstabe: E (wird nicht zum Schreiben verwendet)

Sinnbild: Eibe

Kraft: Transformation, Reise durch die Welten

Bedeutung: Die Rune Eiwaz symbolisiert eine Eibe, welche für den Weltenbaum der Germanen steht. Wir haben es hier mit einem Tor oder *Reisewerkzeug*, einer Verbindungsachse zwischen Ober– und Unterwelt zu tun. Nicht umsonst steht Eiwaz auch für den Tod, die endgültige Transformation.

Losung: Ich erkenne die anderen Welten und weiß sie zu bereisen.

Das Altnordische Runengedicht:

Yr ist ein grüner Baum im Winter,

Wenn er brennt, dann knistert er.

Orakel: Entscheidungen zu diesem Zcitpunkt zu treffen dürfte Ihnen schwerfallen. Vielleicht haben Sie auch den Eindruck, daß sich gerade alles in Auflösung befindet. Es wird sicher aber nichts auflösen oder verlorengehen, sondern vielmehr wird es sich verwandeln. Gönnen Sie sich die nötige

Ruhe und betrachten Sie Ihren Weg. Vielleicht ist es auch nötig, sich intensiver mit Meditation und Geistreisen auseinander zu setzen, um den inneren Horizont zu erweitern. Sie müssen nicht gleich eine schamanische Nahtodeserfahrung machen, aber sich einmal mit dem Tod und dem Wandel des Lebens auseinanderzusetzen, kann bestimmt nicht schaden. Schließlich steht diese Rune in einem sehr symbolischen Bild für das Ewige Leben.

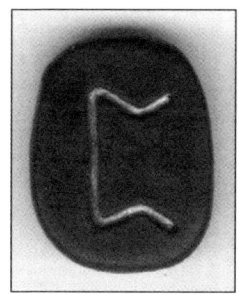

PERTHRO

Buchstabe:	P
Sinnbild:	Pferch oder Kessel
Kraft:	Geburt
Bedeutung:	Die Rune Perthro symbolisiert einen Pferch, oder eine Gebärmutter. Die Kraft der Geburt steht hier für die angenehmen Aspekte eines Lebens im Mutterleib. Geborgenheit und Verwandlung stehen im Vordergrund.
Losung:	Geborgenheit ist der beste Weg in ein Leben voller Abenteuer.

Das Altnordische Runengedicht: FEHLT

Orakel:	Sie können auf einen großen Fundus an innerem Wissen zurückgreifen, wenn Sie einmal der Stimme in ihrem Innersten lauschen. Perthro symbolisiert neben der Kraft der Geborgenheit auch den Kessel des Wissens, aus dem bereits Odin schöpfte. Nehmen Sie sich die nötige Zeit und werden Sie so still, daß Sie ihre innere Stimme wahrnehmen können, sie weiß immer einen guten Rat und wenn Sie diesem dann auch noch folgen, wird das bestehende Problem bald gelöst sein.

ALGIZ

Buchstabe: Z oder R am Ende eines Wortes

Sinnbild: Baum zwischen den Welten, oder Elch

Kraft: Leben

Bedeutung: Die aufrechte Algiz–Rune symbolisiert das Leben, die umgekehrte den Tod. Neutral bedeutet Sie Schutz und Leben. Algiz beschreibt den Augenblick der Geburt oder des Todes.

Losung: Schon im ersten Augenblick liegt der Samen für den kommenden.

Das Altnordische Runengedicht: FEHLT

Orakel: Betrachten Sie Ihre Lage doch einmal unter objektiven Gesichtspunkten und versuchen Sie genau das wahrzunehmen, was jetzt wirklich ist. Durchleuchten Sie sozusagen die gegebene Situation und versuchen Sie im Hier und Jetzt zu leben, nicht im Gestern oder Morgen. Lassen Sie vor allem das Selbstmitleid hinter sich. In der jetzigen Situation liegt die Wurzel und Energie für alle folgenden Taten und Erlebnisse, seien Sie sich dessen bewußt und handeln Sie danach.

Wenn Sie das tun, wird Ihnen der von Algiz ge-
botene Schutz zuteil.

SOWILO

Buchstabe:	S
Sinnbild:	Sonnenstrahl
Kraft:	Lebensenergie
Bedeutung:	Sowilo symbolisiert die Lebensenergie.
Losung:	Ich lasse die Kraft des Lebens durch mich hindurchfließen.

Das Altnordische Runengedicht:

Sol ist das Licht der Welt,

Ich beuge mich der Fügung.

Orakel: Sie sind gerade voller Lebensenergie und wissen vielleicht gar nicht wohin damit. Wenn ein Übermaß an Energie vorliegt und Sie unkonzentriert sind, dann setzen Sie sich doch einmal mit Ihrer Sexualität auseinander. In der Sexualität liegt eine große Kraft, die sehr negativ wirken kann, wenn wir sie einsperren und nicht frei fließen lassen. Es geht hierbei jetzt nicht um eine Nacht mit einem erotischen Partner und dann um die Suche nach einem Neuen, sondern es geht

um einen bewußten und lustvollen, nicht ver-
klemmten Umgang mit Ihrer Sexualität. Sorgen
Sie sich um Ihr Wohlbefinden und gleichen Sie
die erlernten Konventionen so an, daß Sie zufrieden und glücklich leben können.

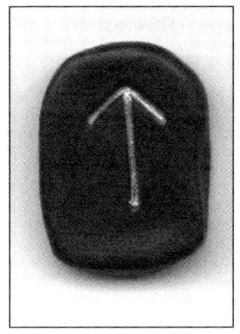

TIWAZ

Buchstabe:	T
Sinnbild:	Pfeil
Kraft:	zielgerichtete Kraft
Bedeutung:	Die Rune Tiwaz steht für den germanischen Gott Tyr, den Gott der Gerechtigkeit und des Krieges. Tiwaz bezeichnet auch den Polarstern.
Losung:	Gerecht, doch ohne mich beirren zu lassen, gehe ich meinen Weg.

Das Altnordische Runengedicht:

Tyr ist ein einhändiger Gott,

Der Schmied muß oft blasen.

Orakel:	Es ist an der Zeit, einen Orientierungspunkt im Leben zu finden und diesem Ziel zu folgen. Wenn Sie gerade ein bestimmtes Ziel verfolgen wird Ihnen Hilfe zuteil. Besinnen Sie sich auf Ihre Kräfte und lassen Sie sich nicht vom Weg abbringen, vor allem nicht durch innere Ausreden, wie: "Das schaffe ich doch nicht..." etc. Sie können jetzt sehr viel erreichen, wenn Sie einen küh-

len Kopf bewahren und die männlichen Kräfte
in sich mobilisieren.

BERKANA

Buchstabe: B

Sinnbild: Birke oder Busen

Kraft: Weiblichkeit

Bedeutung: Die Rune Berkana steht für den Baum Birke. Ein besonderes Merkmal der Birke ist ihre Anspruchslosigkeit an den Boden, auf dem sie wächst. Sie war einer der ersten Bäume, die nach der Eiszeit unseren Planeten besiedelten. Sie steht weiters für die Kraft der Weiblichkeit.

Losung: Anspruchslos gehe ich meinen Weg und verzichte doch nicht.

Das Altnordische Runengedicht:

Bjarkan hat die grünsten Blätter,

Loki war in seinem Betrug erfolgreich.

Orakel: Ihre Unternehmungen stehen unter einem guten Stern und werden gelingen. Sie tragen vielleicht gerade viele Ideen mit sich herum, die sich kreativ ausdrücken möchten, behindern Sie diese nicht, leben Sie sie aus. Es gibt keinen Grund sich jetzt Sorgen zu machen, denn die Probleme werden sich lösen. Haben Sie vor allem Vertrauen in sich selbst und in Ihre Familie. In der jetzt herrschenden Geborgenheit haben Sie Gelegenheit dazu, Ihr vielleicht verlorenes Urvertrauen wiederzugewinnen.

EHWAZ

Buchstabe: E

Sinnbild: Pferd

Kraft: Pferd

Bedeutung: Die Ruhe Ehwaz steht für das Pferd, einen treuen Begleiter des Menschen und für die Freundschaft zwischen Mensch und Tier, sowie zwischen Menschen. Das Pferd ermöglichte es dem Menschen der Frühzeit, schneller große Strekken zurückzulegen und trug so erheblich zur Evolution bei.

Losung: Das Wissen um meine eigenen Kräfte und diejenigen meiner Gefährten macht den Weg leicht.

Das Altnordische Runengedicht: FEHLT

Orakel: Sie befinden sich in einer gesunden und Früchte tragenden Partnerschaft zu einem Ihnen entgegengesetzten Wesen. Dies kann ein anderer Mensch, mit vielleicht unterschiedlichen Ansichten sein, oder ein Tier, wie zum Beispiel ein Pferd. Die Freude an dieser Beziehung stärkt Sie in Ihren Vorhaben. Überdenken Sie Ihre Wertigkei-

ten zum Thema Treue und Partnerschaft einmal
wieder, vielleicht ist es gerade jetzt an der Zeit,
hier die Grenzen neu abzustecken.

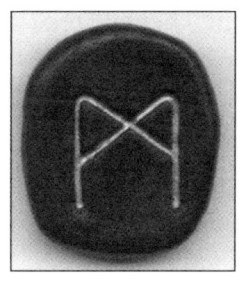

MANNAZ

Buchstabe: M

Sinnbild: Mensch

Kraft: Ausgleich

Bedeutung: Die Rune Mannaz symbolisiert den ganzen Men-
              schen und zeichnet sozusagen einen Idealzustand,
              nämlich den des sich im Gleichgewicht befindli-
              chen Menschen.

Losung: Der fröhliche Mensch ist eine Freude für alle sei-
              ne Mitmenschen.

Das Altnordische Runengedicht:

Maðr ist eine Vermehrung von Staub,

Groß ist die Kralle des Falken.

Orakel: Entweder Sie ruhen in sich oder Sie haben sich
              gerade verliebt. Beides ist ein begrüßenswerter
              Zustand. Lassen Sie sich nicht von allzuvielen
              weltlichen Gelüsten aus dem Gleichgewicht brin-
              gen, genießen Sie doch lieber einmal Ihren inne-
              ren Reichtum.

LAGUZ

Buchstabe: L

Sinnbild: Wasser oder Lauch

Kraft: Bewegung / Gefühle

Bedeutung: Die Rune Laguz steht für das Element Wasser oder auch die kräftigende Wirkung des Lauchs (Knoblauch). Alles was fließt und in Bewegung ist, kann mit dieser Rune in Verbindung gebracht werden.

Losung: Ich halte mich nicht mehr an Vergangenem fest und bin offen für Neues.

Das Altnordische Runengedicht:

Logr ist ein Fluß, der von einem Berghang fällt,

Und Schmuckstücke sind aus Gold gemacht.

Orakel: Es hat jetzt keinen Sinn, sich am Verstand festzuhalten. Alles befindet sich in Bewegung und Ihre Gefühlswelt hat die Oberhand. Lassen Sie Ihrer Gefühlswelt einmal freien Lauf und beobachten Sie, wohin Sie diese bringen möchte. Manchmal kann man einfach nichts daran ändern, sondern muß die Dinge so laufen lassen, wie sie sich gerade entwickeln wollen. Vielleicht ist es auch schon seit langem mal wieder an der Zeit, daß Sie ihrer Traurigkeit oder Ihrer Freude freien Lauf lassen. Sperren Sie Ihre Gefühle nicht ein. Ein offener Mensch scheint zwar angreifbarer, doch beeindruckt die meisten Menschen mehr sein Mut, mit den Gefühlen nicht hinter dem Berg zu halten.

INGUZ

Buchstabe: NG

Sinnbild: Ei

Kraft: Ruhe und Geborgenheit

Bedeutung: Inguz symbolisiert Fruchtbarkeit und das heimische Herdfeuer. Die Rune steht mit den Fruchtbarkeitsgöttern Yngwi und Freyr in Verbindung.

Losung: In der Ruhe liegt die Kraft.

Das Altnordische Runengedicht: FEHLT

Orakel: Wenn es jetzt sehr still um Sie geworden ist, brauchen Sie sich keine Sorgen machen. Ihre sozialen Kontakte werden Sie nicht verlassen. Es ist einfach eine Zeit der notwendigen Ruhe, denn in Ihnen reift eine Idee heran und bis zu dem Zeitpunkt, an dem diese Idee in die alltägliche Welt gelangen kann, sich materialisiert, muß einfach noch ein bißchen Nestruhe herrschen. Genießen Sie doch einfach die Ruhe und besinnen Sie sich auf sich selbst.

DAGAZ

Buchstabe:	D
Sinnbild:	Die blaue Stunde
Kraft:	Neutralität
Bedeutung:	Die Rune Dagaz symbolisiert den Moment der Morgen– oder Abenddämmerung, die blaue Stunde, wie sie der Volksmund nennt, aber ebenso selbstverständlich auch alle anderen Zwischenbereiche des Lebens, die Übergänge zwischen Leben und Tod, zwischen Nacht und Tag, etc.
Losung:	Ausgeglichen verteilt sich die Arbeit besser.

Das Altnordische Runengedicht: FEHLT

Orakel:	Sie sind kurz vor dem Ziel, oder stehen kurz vor der Beantwortung Ihrer Frage. Jetzt ist es an der Zeit, die Welt hinter unserer sichtbaren Welt wahrzunehmcn und zu verstehen. Versuchen Sie auch einen Ausgleich zwischen den Tätigkeiten der rechten und der linken Gehirnhälfte herzustellen; meistens belasten wir diese einseitig, zugunsten der linken Gehirnhälfte, während die

179

rechte, zuständig für Kreativität, Träumen und Intuition meistens zu kurz kommt.

OTHALA

Buchstabe: O

Sinnbild: Heimat

Kraft: Geborgenheit

Bedeutung: Die Rune Othala steht für den Begriff der Heimat und ererbten Besitz.

Losung: Unter guten Freunden erfreut sich der Wanderer des Lebens.

Das Altnordische Runengedicht: FEHLT

Orakel: Sie sind an einem wichtigen Ziel angekommen und sollten nun all den Menschen danken, die Ihnen dabei geholfen haben, oder die Ihnen im Leben beistehen. Oft bemerkt man die stillen Helfer gar nicht, doch gerade ihnen gebührt nun reichlicher Dank und vor allem Aufmerksamkeit. Genießen Sie die Geborgenheit, in der Sie gerade jetzt leben können.

VIII.
RUNEN
UND
PARTNERSCHAFT

Ein Beziehungsorakel

Bei diesem Orakel haben Sie die Möglichkeit, etwas mehr Klarheit über die Kräfte zu erlangen, die von ihnen beiden ausgehen und die sie gegenseitig beeinflussen. Das Interesse an diesem Orakel sollte vielleicht nicht gerade zu einem Zeitpunkt erwachen, an dem Sie sich mit ihrem Partner in einer Krise befinden, da es weniger für Lösungen, als vielmehr für Erklärungen angewandt werden kann.

Die Vorgehensweise ist sehr einfach. Setzen Sie sich gegenüber und ziehen Sie selbst eine Rune aus dem Beutel, mit der Frage: "Welche Kraft bringe ich in unsere Partnerschaft ein?" Merken Sie sich die Rune und legen Sie sie zurück in den Beutel. Nun geben Sie den Beutel an ihren Partner weiter, der eine Rune zu der gleichen Frage zieht.

In fast jeder Partnerschaft kann man etwas besser machen und so möchte ich auch nicht versäumen darauf hinzuweisen, daß man nun noch einen Schritt weitergehen kann, nachdem man festgestellt hat welche Kräfte man mit in die Partnerschaft bringt: Ziehen Sie eine Rune zu der Frage: "Welche Kraft oder Qualität meinerseits kann meinen Partner noch glücklicher machen?" Merken Sie sich ebenfalls wieder die Rune und reichen Sie den Runenbeutel an Ihren Partner weiter, der die gleiche Frage stellt.

Dieses Orakel können Sie jeden Monat wiederholen, denn die Ergebnisse verändern sich so, wie Sie sich zusammen mit ihrem Partner auch verändern.

Kurze Bedeutung der Runenkräfte beim Partnerschaftsorakel

FEHU: Sie bringen das Feuer des Lebens mit in die Beziehung und Langeweile ist Ihnen fremd. Es ist immer genügend Energie durch Sie vorhanden, so daß es keine großen Probleme bereitet, den Lebensunterhalt zu verdienen.

URUZ: Sie stehen mit beiden Beinen auf der Erde und bringen Ihren Partner manchmal vielleicht wieder auf den Boden zurück, wenn er abzuheben droht. Materielle Güter, sowie die Partnerschaft, werden von Ihnen behütet.

THURISAZ: Auch wenn Sie vielleicht manchmal etwas zornig erscheinen mögen und sich mit Bestimmtheit durchsetzen wollen, so tun Sie es doch für den Zusammenhalt der Partnerschaft und nicht, um sie zu zerstören.

ANSUZ: Sie bringen immer einen guten Rat ein, wenn er gebraucht wird und leiten die religiösen Belange in dieser Partnerschaft, zumindest haben Sie die Begabung dazu.

RAIDHO: Sie lassen Ihre Ideen nicht anbrennen, sondern trachten danach, diese so bald wie möglich in die Tat umzusetzen. Ihre treibende Kraft wirkt sich positiv auf die Partnerschaft aus, da Sie damit sich selbst und Ihren Partner zur richtigen Zeit an den richtigen Ort bringen können.

KENAZ: Sie sind der Psychologe in dieser Partnerschaft, auch wenn Sie manchmal gar nicht sagen, was Sie stört oder was Ihr Partner besser machen könnte. Sie verleiten Ihr Gegenüber einfach so wie Sie sind zur Selbsterkenntnis.

GEBO: Sie sind der gute Geist dieser Partnerschaft, der immer darum bemüht ist, die Harmonie zu erhalten und ins Ungleichgewicht geratene Zustände auszugleichen. Es wird Ihnen nicht schwerfallen zusammen mit Ihrem Partner neue Freunde zu finden.

186

WUNJO: Die führende Rolle, die Sie in dieser Partnerschaft übernommen haben, tut ihnen Beiden gut. Stehen Sie ruhig für ihr Glück und das Ihrer Gemeinschaft ein.

HAGALAZ: Auch wenn es manchmal in Ihrer Partnerschaft heftig auf und nieder geht, so wissen Sie doch die Tiefen souverän zu durchfahren, da diese Ihnen keine Angst bereiten. Sie bringen die Kraft in die Partnerschaft ein, die auch noch den größten Kummer oder das schlimmste Leid trösten und lindern kann.

NAUDHIZ: Besinnen Sie sich auf Ihren Partner und überdenken Sie gemeinsam, ob wirklich noch alles beim Alten ist, oder ob sich nicht doch das eine oder andere in Ihrer Beziehung verbessern ließe, wenn man nur etwas mehr Mühe und Liebe einbrächte. Eingefahrene Strukturen möchten geändert werden, um die Partnerschaft am Leben zu erhalten.

ISA: Sie wissen immer wo es langgeht. Bedenken Sie dabei aber auch, daß Sie dies nur für sich selbst mit Bestimmtheit wissen können, nie für Ihren Partner. Wenn Sie nicht den Lehrmeister spielen, dann sorgen Sie für die nötige Stabilität in dieser Partnerschaft.

JERA: Als Hüter der Zeit und des Schicksals tragen Sie viel Verantwortung auf Ihren Schultern. Erlauben Sie es sich und Ihrem Partner, diese Last von Zeit zu Zeit auch einmal zu teilen, damit Sie zu guter Letzt die Früchte ihrer Arbeit auch ernten und genießen können, gemeinsam.

EIWAZ: Sie haben den Kontakt zur Anderswelt, wenn Sie ihn nicht verdrängen und somit die Aufgabe die spirituellen Belange der Partnerschaft zu leiten, zumindest solange diese Kraft für Sie wirksam ist.

PERTHRO: Lassen Sie der Kreativität in allen Bereichen ihren freien Lauf oder bekommen Sie ein Kind. Kreativität und Gestaltung können sich gerade in einer Partnerschaft weiträumig ausbreiten und sind stets eine Bereicherung. Von der Spontaneität Essen zu gehen bis hin zu neuen Spielarten der Liebe ist alles möglich – bringen Sie es ein.

ALGIZ: Jeder Augenblick Ihrer gemeinsamen Zeit ist kostbar und Sie schenken ihm auch den nötigen Respekt und die Achtsamkeit. Ihre Wachheit macht Sie natürlich auch sensibel gegenüber Ihrem Partner; greifen Sie ihm unter die Arme, wenn es nötig scheint.

SOWILO: Das Strahlen in Ihren Augen, wenn Sie Ihren Partner anblicken, ist wundersame Kraft genug, die zu neuen Horizonten beflügelt.

TIWAZ: Sie leiten die Partnerschaft. Berücksichtigen Sie bei Ihren Entscheidungen auch die Wünsche Ihres Partners, denn Sie gehen den Lebensweg nicht mehr allein.

BERKANA: Sie hüten die Partnerschaft. Es ist wunderschön umsorgt zu werden, doch achten Sie auch darauf, daß Sie ihren Partner mit Ihrer großen Liebe und ihren Gefühlen nicht überfordern oder *erdrücken*.

EHWAZ: Versuchen Sie gemeinsam die großen Energiepotentiale, die in ihrer Beziehung wirksam sind, zu nutzen und freizusetzen. Sie können die Welt verändern, wenn sie diese Potentiale nicht aus unnötiger Angst einfrieren.

MANNAZ: Das Glück einer gleichberechtigten und menschlichen Partnerschaft begleitet Sie auf Ihrem Weg. Lassen Sie auch andere Menschen an diesem Glück teilhaben.

LAGUZ: Gefühle und Sensibilität machen manchen Menschen verletzlich und angreifbar. Zeigen Sie aber trotzdem in Ihrer Partnerschaft die Gefühle, die Sie bewegen und Sie werden das Wunder der Geborgenheit erleben. Sie sind nicht mehr allein.

INGUZ: Manchmal kann es notwendig sein, sich auch mal wieder auf sich selbst, seine Ideale und den eigenen Weg zu besinnen, um mit neuen Kräften weitergehen zu können. Nutzen Sie die Gelegenheit und vermitteln Sie Ihrem Partner die Notwendigkeit zu diesem Schritt, denn er ist für Sie beide wichtig.

DAGAZ: Ihre Ausgeglichenheit bringt die nötige Ruhe in Ihre Partnerschaft.

OTHALA: Ein seelisches oder physisches Zuhause gefunden zu haben ist ein großes Glück. Teilen Sie dieses Glück mit Ihrem Partner.

Welche Runen passen zusammen

Auf irgendeine Art und Weise passen alle Runen zusammen, wenn man lange genug nach dem Sinn sucht. Bekannterweise gibt es aber auch Partnerschaften, die mehr einer Lehrstelle gleichen, als einem Ort des Glücks, dann sollte man die Lehrstelle auch als solche betrachten und solange voneinander lernen wie es eben nötig ist, ohne sich unsinnig lange zu quälen.

Als grobe Regel kann bei den Partnerschaftsrunen gelten, daß aktive (+) Runen mit (-) passiven Runen harmonieren. Siehe Tabelle.

+	-	+	-	+	-	+	-
ᚠ	ᚢ	ᚦ	ᚨ	ᚱ	ᚲ	ᚷ	ᚹ
ᚺ	ᚾ	ᛁ	ᛃ	ᛇ	ᛈ	ᛉ	ᛊ
ᛏ	ᛒ	ᛖ	ᛗ	ᛚ	ᛜ	ᛗ	ᛟ

Fehu harmoniert mit Uruz, Ansuz, Kenaz, Wunjo, Naudiz, und so fort.

Uruz harmoniert mit Fehu, Thurisaz, Raidho, Gebo, Hagalaz, und so fort.

IX.
DAS
TRADITIONELLE
RUNENORAKEL

Es gibt viele Möglichkeiten die Runen zu befragen. Manche Menschen werden den einfachen Weg wählen, wie er im ersten Teil des Buches beschrieben wurde, andere werden einen höheren Wert auf die traditionelle Form legen, wie sie sehr wahrscheinlich von unseren Ahnen angewandt wurde. Diese Form bedarf jedoch einer gründlichen Vorbereitung und einer erheblichen Mehrarbeit, im Gegensatz zu den anderen Techniken. Diese hier beschriebene Technik wurde von mir aus dem, was wir heute über unsere Vorfahren zu wissen glauben, rekonstruiert. Kein Mensch kann wissen, ob es sich wirklich einmal so abgespielt hat, aber das ist auch nicht wesentlich. Wesentlich ist, daß die Technik funktioniert und wir bei der inneren Wahrheitsfindung damit einen Schritt weiterkommen. Ein solcher Schritt spielt sich immer auf mehreren Ebenen ab und nicht nur auf der des geistigen Wissens. Das traditionelle Runenorakel verändert den ganzen Menschen! Da diese Technik sehr tiefgreifend ist, empfehle ich vor einer Anwendung, sich bereits länger mit magischen Ekstasetechniken auseinandergesetzt zu haben, sowie das Grundlagenwissen über Runen und ihre Bedeutung, als auch die komplette Symbolik in Herz und Verstand aufgenommen zu haben. Sie werden bei der Ausübung dieser Befragungstechnik vielleicht auch mit inneren Bildern konfrontiert, die über die Symbolik der Runen hinausgehen. Vielleicht erhalten Sie Visionen und müssen fortan mit diesen leben - all das will verinnerlicht werden und vor allem verkraftet. Eine gute psychische Konstitution ist dafür also Voraussetzung, um nicht inneren Irrtümern oder mehr oder minder heftigen Formen der Paranoia zu verfallen.

Folgende Grundgaben sollten Sie also mitbringen, bevor Sie mit dem traditionellen Runenorakel beginnen:

- Grundkenntnis der Runen
- Namen und Bedeutung, sowie Symbolik
- Die Analogieketten der Runen

- Energetische Wirkungen der Runen
- Geduld und Ruhe
- Ausdauer
- Körper- und Selbstbewußtsein
- Psychische Stabilität, vor allem Depressionsfreiheit
- Grundkenntnisse in Meditation
- Grundkenntnisse in der magischen Praxis
- Magisches Arbeiten in der Natur
- Wissen um einen Grabhügel oder Hügelgrab in der Nähe

Sie sehen bereits, daß dieser Weg nicht im Wochenend-Seminar-Verfahren erlernt werden kann.

Diese Technik eignet sich lediglich für Befragungen zur eigenen Person, nicht zur Problemlösung für andere Menschen. Im Zuge einer Seidh-Ausbildung können Sie diese dann in die Seher/innen-Fähigkeiten integrieren. Wenn Sie ausgebildete Völwa oder ein ausgebildeter Völur geworden sind, steht der Beratung anderer Menschen schließlich auch nichts mehr im Weg. Für den Rahmen dieses Buches werden wir uns allerdings auf die Anwendung zur Selbstbefragung beschränken. Vielleicht bietet einmal ein späteres Buch die Möglichkeiten dafür, die Grundlagen des Galdr und Seidhr ausführlich darzustellen. Hier haben wir es nur mit Teilaspekten daraus zu tun, die wir für das traditionelle Runenorakel benötigen.

Weiter unten werde ich Ihnen noch eine Methode vorstellen, die sozusagen eine Mischung aus dem einfachen Runenorakel und dem traditionellen darstellt und auch mehrmals verwendet werden kann. Die hier vorgestellte Technik ist eine einmalige Anwendung, wie sie bei wirklich großen Fragen des Lebens ihren Sinn hat.

Der gesamte im folgenden beschriebene Teil ist ein Ganzes. Es ist ein sehr komplexes Ritual, welches in allen Schritten chronologisch nachvollzogen werden sollte.

Was wirst du finden befragst du die Runen,

Die hochheiligen,

Welche Götter schufen, Hohepriester schrieben?

Daß nichts besser sei als Schweigen.

(79. Strophe des Havamal)

Am Anfang steht die Frage

Zeit: Vollmond oder während des ersten Viertels des abnehmenden Mondes.

Bevor wir mit der Herstellung der Runenstäbe und allen anderen Vorbereitungen beginnen, müssen wir uns darüber im klaren sein, was wir denn nun eigentlich ergründen wollen. Viele Menschen, die in den Anfängen der Orakelkunde stehen, sind oft darüber enttäuscht, daß das Ergebnis nicht klar und ausführlich ausgefallen ist, ja manchmal sogar nichtssagend. Dies liegt aber nicht an der Technik des Orakels oder dessen Wert, sondern am Wert der Frage. Versuchen Sie möglichst genau auszuformulieren, was Sie denn wissen möchten und bleiben Sie dabei nicht an Allgemeinplätzen haften. So allgemein, wie Sie die Frage stellen, so allgemein wird auch die Antwort darauf ausfallen. Oft ist es das Schwierigste beim Wahrsagen, die richtige Frage zu finden - die richtige Antwort gesellt sich dann schon fast von selbst. Quälen Sie das Orakel und alle daran beteiligten Wesenheiten auch nicht mit Belanglosigkeiten. Das traditionelle Runenorakel verlangt viel Vorbereitung, und wie bereits gesagt, sollten wir hier wirklich nur die großen Fragen des Lebens stellen, damit der Aufwand auch dem Nutzen entspricht.

Machen Sie sich also lange Gedanken über die richtige Formulierung Ihrer Frage. Versuchen Sie danach erst einmal selbst eine Antwort zu finden und notieren Sie sich am besten alles, was Ihnen im Zusammenhang mit der Frage im Kopf herumgeht, wie die Frage selbst. Das Finden der richtigen Frage kann durchaus mehrere Tage in Anspruch nehmen. Überstürzen Sie nichts und denken Sie an die weiter oben erwähnte Tugend der Geduld, die Sie für diese Befragungstechnik hier aufbringen müssen. Sind Sie anschließend mit der Antwort zufrieden, dann können Sie sich das Runenorakel schenken, wenn nicht, kommen wir nun zu Schritt zwei, der Herstellung der Runenstäbe.

Bedenken Sie auch, daß die Frage einzig und allein Sie etwas angeht. Beraten Sie sich darüber nicht mit anderen Menschen. Es handelt sich hierbei lediglich um ihre eigene Angelegenheit. Auch wenn Sie der Rat eines anderen Menschen vielleicht gerade brennend interessieren würde, er würde Sie doch nur unnötig verwirren, also behalten Sie die gefundene Frage für sich. Wenn das Ritual abgeschlossen ist, ist es immer noch früh genug, sich mit anderen Menschen darüber auszutauschen.

Die Herstellung der Runenstäbe
Zeit: Zweites Viertel des abnehmenden Mondes.

Im Gegensatz zu der gemeinen Befragung des Runenorakels, zu dem wir gekaufte oder für den dauerhaften Gebrauch angefertigte Runensteine oder Runenkarten benutzen können, müssen wir für das traditionelle Runenorakel die Stäbe anfertigen. Wir fertigen die Runenstäbe nur für diese eine Frage an und werden Sie nach Abschluß des Rituals verbrennen oder vergraben oder in einen Fluß werfen. Die Runenstäbe, die wir hier gebrauchen, sind nur für den einmaligen Gebrauch bestimmt! Herstellung und Vernichtung gehören zu dieser Befragung dazu und dies wirft auch ein wenig Licht auf die Größe und Bedeutung dieser Technik, die wegen ihres Aufwandes schon nach einer größeren Lebensfrage verlangt.

Bevor wir nun in den Wald oder das Feld gehen, um uns einen Haselnußstrauch zu suchen, von welchem wir die Äste für die Runenstäbe schneiden werden, erkundigen wir uns nach dem Mondstand. Für manchen wird ein Blick zum Himmel reichen, manch anderer zieht vielleicht einen Mondkalender vor. (Literaturtip am Ende des Buches.) Das Holz für unsere Runenstäbe schneiden wir im zweiten Viertel des abnehmendem Mondes, vorzugsweise an einem Freitag, dem Wochentag, der mit der germanischen Göttin Freya korrespondiert. Freya ist die Seidhr-Künstlerin der Germanen und wir können davon ausgehen, daß selbst Odin einen Teil seiner seherischen Künste von ihr erlernt hat.

Einen Haselnußstrauch zu finden dürfte sicherlich kein Problem darstellen. Wählen Sie einen, der an einem Hang steht, aber keinen, der in einem Tal steht oder direkt auf einem Berg oder Hügel. Sollten Sie das Glück haben, einen Haselnußstrauch zu kennen, der an einem Kreuzweg steht, wählen Sie diesen für die Runenstäbe aus. Bevor Sie anfangen wie wild an dem Haselnußstrauch herumzusägen, stimmen Sie sich erst einmal auf das Lebewesen Strauch ein und fragen Sie den Strauch, ob er es Ihnen auch erlaubt, Runenstäbe von ihm zu schneiden. Dieses Fragen findet in einer Art innerem Dialog statt, bei dem Sie schon bemerken werden, welche Antworten Ihnen der Strauch gibt und welche Sie sich selbst konstruieren. Erklären Sie dem Strauch auch, warum es für Sie wichtig ist dieses Ritual durchzuführen und vergessen Sie nicht eine Gabe des Dankes bei sich zu führen, ebenso benötigen Sie Lehm oder Baumharz, um den Baum anschließend ordnungsgemäß verarzten zu können.

Wir wählen nun 24 dünne Äste von einem Durchmesser bis zur Stärke unseres kleinen Fingers und von einer Länge des Zeigefingers bis zum Daumenballen und schneiden diese mit einem scharfen Messer, einer kleinen Säge oder einer Rosenschere vom Strauch. Die Äste sollten möglichst gerade sein. Legen Sie die abgeschnittenen Äste auf ein Tuch am Boden und verarzten Sie nach jedem Schnitt den Strauch sogleich, damit keine Wunde vergessen wird.

Auch wenn Ihnen in der heutigen Zeit, wo große Rodungsmaschinen den Wald vergewaltigen, diese Behutsamkeit, die wir hier an den Tag legen, vielleicht übertrieben erscheinen mag, so machen Sie sich einfach einmal Gedanken darüber, daß Sie einem Lebewesen etwas abschneiden; - einem Lebewesen, wie Sie selbst es sind und Sie die Kräfte der Natur sicherlich nicht gegen sich selbst gerichtet haben möchten. Wer achtsam mit der Natur umgeht, gewinnt sie auch zum Freund, wer in ihr wütet, zum Feind. Dieses Denken und Wissen um die Zusammenhänge zwischen Natur und Mensch wird heute immer mehr verdrängt, weil es unbequem scheint, andere Intelligenz als die des Menschen neben sich zu haben. Ich aber bitte Sie, auch in Zukunft an diese Zusammenhänge zu denken und sich nicht die "Erde Untertan zu machen", denn wenn es einen Grund zur Demut im Leben gibt, dann gegenüber der allgegenwärtigen gewaltigen Kraft und Güte der Natur und der Winzigkeit von uns Menschen.

Nachdem Sie ihre 24 Runenstäbe geschnitten haben, nehmen Sie noch eine Weile bei dem Strauch Platz, machen Sie ein Picknick, oder rauchen Sie in aller Ruhe eine Zigarette, je nach dem, was Ihnen gerade mehr liegt. Bedanken Sie sich bei dem Strauch, sowie bei den in ihm lebenden Wesen der Anderswelt für die Gabe der Runenstäbe. Sie können zum Beispiel einen Tropfen Honig auf ein Blatt träufeln und dieses für die kleinen Wesen niederlegen, oder auch Mehl streuen, auf welches die Disen besonders erfreut reagieren, weil ausgemahlenes Mehl für sie wohl eine Seltenheit ist, die sehr gerne genommen wird. Wenn sie von Herzen kommen, werden aber alle Gaben gern genommen.

Wickeln Sie die Stäbe nun in das Tuch, auf dem sie liegen und nehmen Sie diese mit nach Hause oder gehen Sie schon zum nächsten Schritt über, zur Vorbereitung der Runenstäbe. Ob Sie dies zu Hause, oder direkt an Ort und Stelle machen, bleibt selbstverständlich ganz und gar Ihnen selbst überlassen.

Die Vorbereitung der Runenstäbe

Es ist nicht nötig die Stäbe zu trocknen, denn bis zur Befragung werden sie sicherlich nicht reißen. Sie können sofort damit beginnen zu ritzen. Dazu benötigen Sie ein scharfes, spitzes Messer, oder einen Schnitzbeitel mit geringer Breite. Ritzen Sie die 24 Runen in der Abfolge des Futhark in die Stäbe. Gehen Sie dabei mit natürlicher Ruhe vor, zum einen, um sich nicht in den Finger zu schneiden, zum anderen, um die Zeichen ordentlich abzubilden. Sie werden längs zum Stab geritzt.

Sind Sie mit dieser Arbeit fertig, müssen die Runenstäbe noch geweiht werden. Hierfür benötigen Sie ein wenig Blut von sich selbst. Ein Piekser in die Kuppe des Zeigefingers bringt unter etwas Druck die nötige Menge hervor. Lassen Sie Ihren Lebenssaft in ein kleines Gefäß tropfen und zeichnen Sie dann die geritzten Runen mit einem feinen Pinsel, oder einer Stahlfeder mit Ihrem Blut nach. Achten Sie darauf, daß Sie eine desinfizierte oder zumindest ausgeglühte Nadel zum Stechen in den Finger benutzen (so daß Ihnen das Runenorakel nicht einen baldigen Tod prophezeihen muß). Nach dem Röten der Stäbe kommen diese wieder auf das Tuch.

Beim Ritzen und Röten der Stäbe kann es nützlich und von Vorteil sein, wenn Sie die Runennamen singen oder raunen, sowie sich jeweils immer auf die jeweilige Rune konzentrieren.

Die innere Einstimmung
Zeit: Drei Tage vor Neumond

Besinnen Sie sich noch einmal in aller Ausführlichkeit auf die Frage, die Sie mit dem Runenorakel klären möchten. Treffen Sie die nötigen Vorbereitungen:

• Sie wissen, wo sich ein Hügelgrab in Ihrer Nähe befindet. Wenn nicht, wird es jetzt höchste Zeit, eines zu suchen.

• Sie fühlen sich innerlich gefestigt, um dem Orakel und der Antwort zu begegnen.

• Sie haben Gaben für das kleine Volk und andere helfende Wesenheiten parat. Eine Flasche guter Met für die Götter kann auch nicht schaden.

Vielleicht träumen Sie in der Zeit vor Neumond nun auch intensiver. Es kann nützlich sein, wenn Sie sich diese Träume notieren und nach der Orakelbefragung versuchen, die Träume mit dem Orakelergebnis in Einklang zu bringen.

Der Weg in den Wald
Zeit: Neumond

Wir haben für das Runenorakel den Platz eines Hügelgrabes gewählt, weil bereits unsere Ahnen und auch viele andere schamanische Traditionen sich auf den Weg zu ihren Toten machten, um Sie nach der Zukunft zu befragen. Wer sollte es sonst wissen, wenn nicht die Verstorbenen, die ja schließlich über die Schwelle getreten waren. So ist es im nordischen Glauben auch weitverbreitet, daß die Seelen Verstorbener uns Lebende begleiten und uns als eine Art Seelenbegleiter auf dem Weg durchs Leben zur Seite stehen. Auch Odin selbst geht zu einem Grabhügel, um Antworten auf seine Fragen zu erhalten; so beschreibt es die Völuspa der Edda.

Wenn sich das Hügelgrab, welches Sie für die Befragung auserkoren haben, sich in erreichbarer Nähe befindet, wählen Sie den

Weg zu Fuß. Wenn Sie ein Auto benutzen müssen um den Platz zu erreichen, parken Sie mit einigen Kilometern Abstand und gehen Sie von dort zu Fuß. Dieser Weg ist wichtig für Sie und einen Fußmarsch kann nichts auf der Welt ersetzen. Ob Sie den Weg zum Hügelgrab am Tage oder in der Dunkelheit antreten, bleibt ganz und gar Ihnen selbst überlassen. Denken Sie bei Dunkelheit daran, die nötigen Utensilien mitzunehmen, um sich anschließend nicht zu verlaufen.

Sie werden diesen Weg allein zurücklegen! Es ist ihr ganz eigener Weg und dabei hat niemand anderes etwas verloren, auch wenn es sich um ihre Partnerin oder ihren Partner handelt. Es ist ihr Weg und den müssen Sie allein, mit sich selbst, gehen und bestehen.

Verhalten Sie sich angemessen, wenn Sie sich dem Platz unserer Ahnen nähern. Begrüßen Sie den Platz auf Ihre Art und bitten Sie um Einlaß in den Bezirk. Er wird Ihnen wahrscheinlich nicht verwehrt werden, doch es könnte ja sein. Respekt und Achtung gegenüber den Toten und der Anderswelt hat noch nie geschadet.

Am Platz angekommen, suchen Sie sich eine Ihnen genehme Stelle, vielleicht einen Baumstumpf oder einen Stein und legen Sie Ihre Runenstäbe nieder, sowie die Gaben und Geschenke. Wenn Sie ein Trinkhorn besitzen, können Sie dieses nun mit dem mitgebrachten Met füllen und während der folgenden Begrüßung in den Händen halten.

Die Begrüßung der Ahnen

"Hier stehe ich [Name des Fragenden], um meine Zukunft zu ergründen.

Willkommen ihr Geister und Kräfte dieses Platzes,

Willkommen Austri, Nordri, Westri und Sudri,
Hüter des Himmels,

Willkommen Wotan, Hüter des Wissens, Windflüsterer,

Willkommen Donar, Hüter unserer Erde, Riesenzermalmer,

Willkommen Freya, Wissende Wanin, Du Tränenschöne,

Willkommen Hel, Hüterin der Unterwelt, Du Schattenreiche.

Willkommen ihr Disen, Willkommen ihr Nornen,

Euch bitt ich, mir meine Frage zu beantworten,

mich zu beraten und mich zu führen."

Schreiten Sie nun im Kreis um Ihren Platz und gießen Sie in jede der vier Himmelsrichtungen einen Schluck Met auf die Erde. Danach können Sie selbst einen kleinen Schluck nehmen, das Horn abstellen und sich auf Ihrem Platz niederlassen.

Das Sitzen und Warten

Jetzt ist es an der Zeit innerlich still zu werden, den Geräuschen des Waldes zu lauschen und zur Ruhe zu kommen. Schließen Sie die Augen und versuchen Sie die Veränderungen wahrzunehmen, die sich nach Ihrer Anrufung auf dem Platz einstellen.

Wenn es für Sie an der Zeit ist, nehmen Sie das Tuch, in dem die Runenstäbe eingehüllt sind zur Hand, entnehmen die Runenstäbe und breiten das Tuch vor sich aus.

Stellen Sie im Geiste nochmals Ihre wohlformulierte Frage und werfen Sie die Runenstäbe auf das Tuch. Sie sollten gut verteilt liegen.

Richten Sie Ihren Blick gen Himmel und heben Sie drei der Runenstäbe nacheinander mit der linken oder rechten Hand, jedoch ohne hinzuschauen, auf und setzen Sie sich wieder hin.

Die Antwort

Diese drei Runenstäbe beinhalten die Antwort auf Ihre Frage. Prägen Sie sich die Zeichen gut ein, oder schreiben Sie sie nieder, wenn Sie allzu vergeßlich sind. Ziehen Sie zur Deutung kein Runenhandbuch hinzu, lassen Sie Ihren Geist die Runen deuten. Schauen Sie sich die Zeichen an, lassen Sie sie wirken. Meditieren Sie über das Ergebnis, schließen Sie die Augen und empfangen Sie einfach die Antwort.

Wenn Sie später wieder zu Hause sind, können Sie immer noch die Literatur bemühen, um Ihre Eingebungen mit den Inspirationen anderer abzugleichen.

Die erhaltene Antwort wirkt nicht nur auf der intellektuellen Ebene, sondern auch auf allen anderen. Wenn Sie Erfahrungen im Runenstellen haben, stellen Sie die Runen, die Sie bekommen haben, nach. Nehmen Sie die Energie der Runen wahr, singen sie ihre Namen, visualisieren Sie sie, oder machen Sie etwas anderes, das Ihnen passend erscheint.

Vielleicht erblicken Sie während der Meditation verschiedene Bilder oder Wesenheiten, lassen Sie sich von den Wesenheiten führen, wenn diese ihnen wohlgesonnen scheinen, doch merken Sie sich auch den Rückweg zu sich selbst. Ein visualisierter, unendlicher roter Faden kann dabei helfen, den Rückweg zu sich selbst wieder zu finden.

Wenn es nicht gerade Winter ist, können Sie sich auch jetzt zur Ruhe legen und auf eingehende Träume warten. Sie werden sich bestimmt einstellen. Legen Sie die gezogenen Runenstäbe mit in den Schlafsack oder unter den Kopf. Dies gilt jedoch nur, solange

Sie an dem Platz des Orakels bleiben. Sie werden die Stäbe nicht mit nach Hause nehmen!

Der Dank

Wenn Sie lange genug über das Ergebnis nachgesonnen haben, oder auch darüber geschlafen haben, wird es nun Zeit für das empfangene Geschenk zu danken.

"Ich danke Euch, ihr Geister und Kräfte dieses Platzes,

Ich danke Euch, Austri, Nordri, Westri und Sudri,
Hüter des Himmels,

Ich danke Dir, Wotan, Hüter des Wissens, Windflüsterer,

Ich danke Dir Donar, Hüter unserer Erde, Riesenzermalmer,

Ich danke Dir Freya, Wissende Wanin, Du Tränenschöne,

Ich danke Dir Hel, Hüterin der Unterwelt, Du Schattenreiche.

Ich danke Euch Disen, Ich danke Euch Nornen,

kenn ich nun die Antwort auf meine Frage

und kann bereichert meinen Weg weiter gehen.

Nehmt nun dies als Dank."

Verteilen Sie nun alle mitgebrachten Gaben, trinken Sie selbst noch einen kleinen Schluck des Mets und opfern den Rest dann der Erde.

Der Abschied von den Runenstäben

Jetzt ist es Zeit, sich von den Runenstäben zu verabschieden. Sammeln Sie alle 24 Stäbe ein. Es liegt an Ihnen, ob Sie es vorziehen die Stäbe zu vergraben, in einen Fluß zu werfen, oder dem Feuer anzuvertrauen. Alles ist möglich, nur verabschieden müssen Sie sich von ihnen. Wenn Sie die Verbrennung wählen, achten Sie darauf, daß Sie keinen Waldbrand verursachen. Sichern Sie die Feuerstelle fachmännisch und hüten Sie den Brand, bis der letzte Funken verglommen ist.

Verabschieden Sie sich von jedem einzelnen Stab mit einem Dankeswort.

Sie sollten keinesfalls die Runenstäbe nach der Befragung unachtsam im Wald liegen lassen, schließlich tragen Sie Ihre Energie und die Informationen Ihrer Frage, sind also sehr persönlich und kein anderer Mensch sollte diese Stäbe in die Hand bekommen. Aus diesem Grund ist eine Vernichtung der Runenstäbe auf eine der oben erwähnten Arten äußerst sinnvoll, aber vergessen Sie dabei bitte nicht, daß Sie eigentlich ja nur zurückgeben, was Ihnen zu diesem Zweck zur Verfügung gestellt wurde.

Wieder zu Hause

Sie haben nun eine intensive Reise hinter sich. Ruhen Sie sich aus und machen Sie es sich gemütlich. Es ist jetzt sicher noch nicht an der Zeit wieder voll ins Alltagsgeschehen einzutauchen. Gehen Sie behutsam mit sich um und bemühen Sie sich um hinreichend Erdung, welche durch Meditation und ein gutes, gehaltvolles Essen mit einem guten Glas Wein meist schnell wieder hergestellt ist.

Später können Sie dann das Erlebte zu Papier bringen.

Runen als Lebensbegleiter

Wenn Sie erst einmal auf den *Geschmack* gekommen sind, werden Sie die Runen in Ihrem Leben nicht mehr missen wollen. Viele esoterische Hilfsmittel zur Lebensberatung stehen meistens nur eine Zeitlang zur Verfügung, da man mit fortschreitender Übung ihrer nicht mehr bedarf. Das Pendel ist zum Beispiel nur solange für den Anwender notwendig, wie er seinen eigenen inneren Antworten noch nicht vertraut. Hat sich diese Sicherheit dann eines Tages einmal eingestellt, landet das Pendel in der Schublade und hat seinen Dienst getan. Mit den Runen ist es etwas anders. Da sie ein sehr vielseitiges Mittel darstellen, werden Sie nie überflüssig, wenn man mit der Zeit vielleicht auch immer weniger das Bedürfnis verspürt, das Orakel zu befragen.

Es lohnt sich jedenfalls, ein eigenes Set herzustellen oder zu erwerben. Ein besonders schönes Set von Runensteinen aus Ton stellt die Firma *Dreistein* her, dessen Bezugsquelle am Ende des Buches genannt wird (S.234). Diese aus Ton gebrannten und in Handarbeit hergestellten Runensteine sind durch die vier Elemente Feuer, Erde, Wasser, Luft gegangen und werden in einer alten und traditionellen Brennmethode hergestellt.

Selbstverständlich können Sie sich auch selbst Runensteine oder Runenstäbe anfertigen. Wie dies vonstatten geht, erfahren Sie in dem folgenden Kapitel.

(Dieses Kapitel basiert auf einem vollständig überarbeiteten Artikel, der in der 3. Ausgabe des Magazins Hag&Hexe zum ersten Mal erschienen ist und sich ebenfalls, jedoch in einer älteren Fassung, in meinem Buch Runen-Welten, Schirner Verlag, wiederfindet.)

X.

Runensteine

Selbst Herstellen

Ein Satz Runensteine besteht aus 24 Runen. Eine Leerrune, wie sie seit den Büchern von Ralph Blum Erwähnung findet, benutzen wir nicht. Ihre Herkunft ist völlig aus der Luft gegriffen und daher unsinnig.

Prinzipiell ist das Selbermachen dem Kauf vorzuziehen, denn auf diese Art und Weise bekommen Sie ein besseres Gefühl für die Runen. Wenn Sie handwerklich unbegabt sind, können Sie sich die Steine selbstverständlich auch kaufen. Die Bezugsadresse der Runensteine der Firma *Dreistein*, die ich persönlich sehr empfehlen kann, aber auch anderer Hersteller, finden Sie am Ende des Buches. In diesem Fall können Sie die Abschnitte über die Herstellung der Runensteine überschlagen und beim Weihen der Runensteine weiterlesen. Das Weihen der Runensteine ist sehr wichtig, damit sie Ihre Energie aufnehmen und von einem neutralen Werkzeug zu einem persönlichen *Medizin* emporwachsen.

Ich selbst besitze kein großes handwerkliches Geschick, doch nachdem ich meine geringe Selbstachtung in diesem Bereich erst einmal überwunden hatte, gelang mir mein erster Satz Runensteine doch ganz gut, wenn auch schief und krumm. Die Steine hatten meine persönliche Note, und gerade das erachte ich bei den magischen Werkzeugen als äußerst wichtig. Sie können dann sicher sein, daß wirklich nur die Energie des Lebewesens Baum (oder beim Ton die Energie unserer Mutter Erde) und die Ihre die Runensteine prägt - selbstverständlich gepaart mit der Kraft jeder einzelnen Rune.

Zunächst müssen Sie sich über die Frage klar werden, aus welchem Material Sie die Runensteine herstellen möchten. Am gebräuchlichsten sind Holz und Ton. Ersteres braucht bloß geschnitten, geritzt und gefärbt zu werden, letzterer muß sorgfältiger bearbeitet werden und eignet sich wohl eher für Menschen, die im Umgang mit Ton oder Lehm geübt sind. Selbstverständlich dürfen

Sie Ihre persönlichen Runensteine auch aus jedem anderen geeigneten Material herstellen, wenn Ihnen etwas einfällt. Man kann auch auf die Ritzung verzichten und die einzelnen Runen auf Kiesel malen oder mittels farbigem Sand auftragen. Es gibt keine Vorschriften, wie man Runensteine richtig macht. Lassen Sie Ihre Phantasie und Ihren Geschmack entscheiden!

Wenn Sie sich für das Material Holz entschieden haben, empfehle ich Ihnen, in den Wald zu gehen und einen brauchbaren Ast zu suchen, der sich für die Herstellung von Runensteinen eignet. Sie können sich ganz frei von Ihrem Gefühl leiten lassen, oder Sie vertrauen darauf, von Ihren Geistern zum richtigen Platz und Baum geführt zu werden; Man kann aber auch gezielt eine Holzart aussuchen, entweder aus Gründen des persönlichen Geschmacks, oder aus Gründen der analogen Magie, zu der ich gleich kommen werde.

Bedeutung verschiedener Holzarten

Buche: Die Buche ist ein sehr gutmütiger und sanfter Baum. Ihr Holz eignet sich gut zur Herstellung der Runensteine, die Energie des Holzes gilt als neutral, sie hält sich zurück und mischt sich nicht ein. Für den Anfang gut geeignet und auch leicht zu bearbeiten.

Eiche: Der Baum der Nerthus und des Thor, ein sehr machtvoller Baum, den so leicht nichts unterkriegt. Wollen Sie Ihren Runensteinen eine machtvolle, zähe, gewaltig waltende Energie unterlegen, dann verwenden Sie das Holz der Eiche. Menschen, die gern Heavy Metal oder Hardrock hören und dessen Energie umsetzen können, korrespondieren zum einen mit dem Gott Thor, dem Donnerer, und zum anderen mit seinem Baum und dessen Energie. Runensteine aus Eichenholz sind etwas für archaische Menschen.

Eibe: Die Eibe korrespondiert mit der Göttin Hel (Frau Holle) sowie dem Gott Loki. Sie ist der beste Führer in die Unterwelt, den ich kenne. Sie ist sehr machtvoll, und ihre Energie führt uns sehr schnell in die eigene und die kosmische Unterwelt. Ihr Holz ist sehr hart, dafür sehr schön gemustert, läßt sich aber am schwersten von allen hier genannten Holzarten bearbeiten. Die Arbeit lohnt sich, ist jedoch erst fortgeschrittenen Runenkundigen zu empfehlen, zumal die Eiben sehr selten geworden sind. (Als Tip am Rande: Bei der städtischen Friedhofsgärtnerei oder bei Landschaftsgärtnern kann man oft günstig an Eibenholz kommen. Freistehende Eiben sind heutzutage ein Geheimtip und stehen unter Naturschutz!) Lassen Sie sich auch dabei von Ihrer inneren Stimme leiten, denn Sie tragen schließlich die Verantwortung für Ihr Handeln. Vor Eiben kann kein Zauber bleiben... .

Hasel: Die Hasel ähnelt in ihrem Wesen ein wenig der Buche mit ihrer neutralen Eigenschaft, strahlt aber etwas stärker. Für Menschen, die noch auf der Suche nach ihrer eigenen Wahrheit sind, empfiehlt sich die Hasel besonders.

Esche: Für Menschen, die der mythologischen Überlieferung nacheifern, der rechte Baum, jedoch etwas schwer zu bearbeiten.

Erle: Auch einer der alten Zauberbäume. In England stand die Todesstrafe auf das Fällen einer Erle! An eine Strafe anderer Art sollten wir auch denken, wenn wir uns ungefragt an dieser mächtigen Baumwesenheit vergreifen. Wenn's erlaubt ist, dann kann man sehr schöne Runensteine aus ihrem Holz anfertigen, die besonders zum Ergründen der tiefsten inneren wie äußeren Zusammenhänge geeignet sind.

Kirsche: Wer kennt nicht die liebevolle Umarmung eines Kirschbaums. Die gleiche liebevolle Energie besitzen die Runensteine aus ihrem Holz. Wer sehr sanft und mit zarter Haut beschaffen ist, tut gut daran, Runensteine aus Kirschholz anzufertigen. Kirsche schützt die Liebe und gibt Vertrauen.

Linde: Die Linde kann man ebenso wie die Kirsche einstufen, wenn sie auch wesentlich erotischer daherkommt, schließlich ist Freyja ihre Schutzpatronin. Für liebesbedürftige Feuermenschen zu empfehlen.

Prinzipiell eignet sich jede Holzart zur Herstellung von Runensteinen und anderen magischen Gegenständen. Du solltest jedoch darauf achten, daß das Holz gesund, stabil und gut ausgetrocknet bzw. abgelagert ist.

Wir haben als Menschen immer die Möglichkeit, uns führen zu lassen. Führer können Geistwesen, Gottheiten, *Zu-fälle* oder ein guter Freund sein. Vielleicht stolpern Sie bei einem Spaziergang über einen Ast, welcher sich für die Herstellung von Runensteinen anbietet. Dann sollten Sie ihn auch mitnehmen, es ist ein Geschenk. Sie können sich auch bewußt auf die Suche nach dem Baum oder Strauch machen, der den richtigen, Ihnen entsprechenden Ast für Ihre Runensteine bereithält.

Gehen Sie hinaus in die Natur und stellen im Geiste die Frage: "Welcher Baum hat das, was ich suche, gerade jetzt für mich?" Sie werden die Führung, welche sodann einsetzt, deutlich spüren können. Plötzlich werden Sie sich vor dem entsprechenden Baum oder Strauch wiederfinden. Sorgen Sie sich nicht darum, ob es jetzt die richtige Art ist oder nicht, beobachten Sie ganz einfach, seien Sie achtsam und nehmen Sie alles um sich herum wahr.

Setzen Sie sich unter den Baum, nachdem Sie ihn begrüßt haben, und schließen Sie die Augen. Achten Sie auf die Gedanken und Bilder, die sich einstellen, und kommen Sie, ohne sie zu bewerten, zur Ruhe. Fühlen Sie sich in das Wesen des Baumes hinein, spüren Sie die Krone, die Blätter, die Wurzeln und werden so selbst zum Baum. Ob Sie dabei jetzt sitzen, stehen oder liegen, ist völlig egal, machen Sie es so, wie es Ihnen entspricht. Wenn Sie Ihre Wurzeln spüren, Sie nichts mehr umwerfen kann, dann stellen

Sie die Frage, ob dieser Baum Ihnen erlaubt, von ihm ein Stück mitzunehmen, um Runensteine oder ein Amulett daraus herzustellen. Die Antwort kommt sofort und deutlich. Bedanken Sie sich, und wenn Sie Lust haben, können Sie sich nun weiter mit dem Baum unterhalten. Solche Gespräche sind sehr erfrischend und klären den Geist.

Vielleicht hat der Baum in der Zwischenzeit für Sie ja einen Ast abgeworfen. Diesen sollten Sie dann auch als Geschenk annehmen.

Wenn Sie sägen müssen, so tuen Sie dies bitte behutsam und verarzten die entstandene Wunde mit Erde, Lehm oder Baumharz, damit er nicht länger als nötig bluten muß.

Bedanken Sie sich auch bei dem kleinen Volk und den Geistern des Waldes, indem Sie einen Löffel Honig oder Kräuter für sie opfern.

Die Herstellung

Für die Form der Runensteine gibt es keine Vorschrift. Es hat sich jedoch die runde oder abgerundete Vierkantform bewährt. Diese runden Holzscheibchen (Auf die Herstellungsanleitung für Runensteine aus Ton verzichte ich hier.) werden also aus einem Ast gesägt; die Größe richtet sich nach Ihrem persönlichen Geschmack – bedenken Sie dabei aber die Handlichkeit.

Sie brauchen also einen Ast einer vorher ausgesuchten Holzsorte, welcher gut abgelagert und nicht gerissen sein sollte. Das Holz muß trocken sein. Jetzt legen Sie sich noch eine Säge (Laubsäge tut es) und Schmirgelpapier mit einer Körnung von 100 bis 400 zurecht; ein scharfes Schnitzmesser oder einen Fräser, wie man ihn zum Gravieren benutzt, sowie rote Lackfarbe. Vom Nagellack bis zur Biofarbe können Sie alles verwenden, es sollte sich eben nur nicht abgreifen. Wenn Sie es ganz archaisch und historisch machen wollen, dann färben Sie die Runen-Zeichen mit Ihrem eigenen Blut!

Den Ast sägen Sie in 24 Scheiben, deren Stärke wiederum von Ihrem persönlichen Geschmack abhängt. Eine glatte Oberfläche hat sich als nützlich erwiesen und sieht schöner aus. Die 24 Scheiben werden anschließend mit einem nicht zu stark fettendem Öl dünn eingerieben und für einen Tag liegen gelassen. Das kann man machen, muß aber nicht sein. Danach werden die 24 Runen in der Reihenfolge des Futharks in die einzelnen Scheiben geschnitzt oder gefräst. (Mit einem 100 Watt-Lötkolben kann man die Runen auch einbrennen, doch nur dann, wenn man sie nicht färben will.) Lassen Sie sich Zeit bei der Arbeit und arbeiten Sie konzentriert. Läßt die Konzentration nach, so legen Sie die Arbeit beiseite. Sie müssen keinen Weltrekord brechen. Es geht bei den Runensteinen um ein magisches Werkzeug und eine starke *Medizin*. Ich habe Menschen getroffen, die für die Herstellung ihrer Runensteine zwei Jahre gebraucht haben, und es waren schöne, kraftvolle Runensteine geworden! Sind Sie mit dem Schnitzen oder Fräsen fertig, werden die Runenzeichen noch eingefärbt, möglichst in Rot, und sie sind fertig.

In den kommenden Tagen können sie dann geweiht werden.

Der Runenbeutel

Ihre Runensteine brauchen ebenso wie Sie ein Zuhause, und ein solches ist der Runenbeutel. Er behütet die Steine und hält sie zusammen. Folglich empfiehlt es sich auch hier, einige Mühe auf die Herstellung zu verwenden, ihn zu besticken, vielleicht mit dem kompletten Futhark. Es bieten sich für den Runenbeutel alle erdenklichen Materialien an. Wenn Sie die Energie der Runen auch durch den Runenbeutel verteilen, sich ausbreiten lassen möchten, sollten Sie jedoch keine Seide verwenden, da dieses Material Strahlungen bannt.

Energetisierung von magischen Gegenständen

Ihre Runensteine und der Runenbeutel sind magische Gegenstände, sie sind Werkzeuge Ihrer eigenen Magie, und es empfiehlt sich, diese mit Eigenenergie aufzuladen. Man kann sich jetzt darüber streiten, ob die verwendete Energie von einem selbst kommt oder ob man lediglich der Verbreiter dieser ist, doch tut das hier nichts zur Sache und ist mehr etwas für theoretische Diskussionen als für die praktische Arbeit, auf die wir hier gesteigerten Wert legen.

Es ist also notwendig, unsere Werkzeuge (Runensteine, Zauberstäbe, Messer, Amulette, Kristalle, etc.) von Zeit zu Zeit mit Kraft aufzuladen, sie zu energetisieren. Wir können nicht erwarten, daß nur sie uns Kraft und Schutz geben, sondern wir müssen ihnen auch etwas für ihre Dienste geben.

Eine einfache Technik ist die folgende: Nehmen Sie den betreffenden Gegenstand in beide Hände und umschließen Sie ihn mit den Fingerspitzen. Die Fingerspitzen, die nicht mehr darum passen, führen Sie zusammen, damit sich die Kraft nicht zerstreut. Weder Arme noch Beine dürfen sich während dieser Arbeit kreuzen!

Schließen Sie die Augen, konzentrieren Sie sich auf den Gegenstand und leiten Sie die Energie hinein. Sie können sich diese Energie als strahlendes Licht in einer beliebigen Farbe vorstellen. Für den Anfang empfiehlt sich Gold, Gelb oder Weiß. Stellen Sie sich vor, wie ein Lichtstrahl durch Ihre Fingerspitzen in den Gegenstand übergeht, und lassen Sie die Kraft dabei fließen. Wenn das funktioniert, visualisieren Sie eine Skala (wie bei einem Thermometer). In der Mitte befindet sich eine bewegliche Meßsäule. Die Skala reicht von 0-100. Mit jedem Atemzug lassen Sie nun die Meßsäule steigen, bis sie zwischen 80 und 100 angekommen ist. Dort halten Sie die Säule für einen Moment (hören Sie auf Ihre innere Stimme), bis es genug ist. Der Gegenstand ist nun geladen und verströmt Ihre und seine ihm eigene Kraft. Wann dieser Vorgang zu wiederholen ist, liegt bei Ihnen. Sie werden merken, wenn der Gegenstand wieder Kraft braucht. Kristalle werden durch diesen Prozeß klarer und strahlender, Amulette kraftvoll und magisches Werkzeug läßt sich dadurch effektiver einsetzen.

Das Weihen der Runensteine

Es gibt viele verschiedene Möglichkeiten, Ihre Runensteine zu weihen und ihnen Ihre Kraft einzupflanzen. Da ich ein Verfechter der einfachen und unkomplizierten Magie bin, stelle ich auch hier die einfachste Methode vor.

Sie können natürlich einen Kult daraus machen und eine ganz besonders heilige Handlung zelebrieren, doch es muß nicht sein. Wenn Ihnen die Weihehandlung zu einfach erscheint, dann denken Sie sich ein schönes Ritual aus - der Phantasie sind auch hier keine Grenzen gesetzt. Die angeführten Punkte sollten jedoch darin vorkommen:

1) Die Runenweihe kann an jedem beliebigen Ort ausgeführt werden, an dem Sie Ihre Ruhe haben und nicht gestört werden. Wollen Sie die Runensteine zu Hause weihen, legen Sie den Telefonhörer neben das Telefon. Weihen Sie im Freien, dann suchen Sie sich eine Zeit aus, zu der Sie keine neugierigen Spaziergänger oder Förster stören können.

2) Zentrieren Sie sich und stimmen Sie sich auf die Runenweihe ein. Es ist sinnvoll, sich für die Arbeit zu erden.

3) Legen Sie die 24 Runensteine in der Reihenfolge des Futhark vor sich aus, auf ein Tuch oder die Erde, und den geöffneten Runenbeutel daneben. Rufen Sie nun Thor mit folgender Formel an: "*Thur Uiki Thasi Runar*" - (Wenn Sie Ihre Rituale nicht unbedingt auf altnordisch halten müssen, reicht es auch: "*Thor (oder Donar) weihe*

diese Runen!" zu sagen), halten Sie dabei die Hände über die Runensteine und spüren die sich in Gang setzende Kraft.

4) Nehmen Sie die Runen einzeln auf, der Reihe nach, konzentrieren Sie sich auf sie, sprechen Sie laut ihren Namen und lassen Sie Ihre Energie in sie fließen. Sie haben alle Zeit der Welt. Sie spüren schon rechtzeitig, wenn es reicht. Legen Sie anschließend den Runenstein in den Beutel und nehmen Sie sich den nächsten vor.

5) Haben Sie nun alle 24 Steine geweiht und geladen, nehmen Sie den Beutel mit Inhalt in die Hände, sagen Sie das komplette Futhark auf (Sie sollten es vorher allerdings auch auswendig gelernt haben...), geben Sie Energie hinein, schließen den Beutel und erholen Sie sich.

6) Bedanken Sie sich auf Ihre Art bei den Kräften, die Ihnen geholfen haben. Es besteht nun die Möglichkeit für Sie, die aufgebaute Energie zu nutzen, um zu meditieren oder zu träumen. Vielleicht erfahren Sie ja etwas Wichtiges für Ihren zukünftigen Weg.

Die Runenweihe kann bei Vollmond durchgeführt werden, jeweils in der Nacht davor. Äußerst vorteilhaft ist es, wenn der betreffende Mond auf einen Donnerstag fällt, denn dieser Tag ist traditionell dem Donnergott Thor geweiht.

Abschließende Bemerkungen

Sie besitzen jetzt ein kraftvolles Werkzeug, welches sich universell bei Ihrer magischen Arbeit einsetzen läßt und Sie der Erkenntnis über sich und die Welt ein Stück näherbringen wird.

Es empfiehlt sich, die Runensteine nicht jedem beliebigen Menschen in die Hand zu drücken, Sie leihen schließlich auch nicht jedem Ihre Freundin oder Ihren Freund. Die Runen haben zwar hinreichend Kraft, sich innerhalb ihres geschlossenen Energiesystems im Runenbeutel von jeglicher energetischen Verschmutzung selbst zu reinigen, doch kann man ihnen durch eine gewisse innerliche Achtung diese Arbeit auch sparen.

Die Runensteine sind lediglich ein Werkzeug! Bringen Sie ihnen Achtung entgegen und vor allem auch den Kräften, die durch sie wirken, doch vergöttern Sie sie nicht.

Mit der Zeit kann es sein, daß Sie das Gefühl bekommen, die alten Runensteine wären nicht mehr passend für Sie. Das geschieht meistens bei einem größeren Bewußtseinsschritt. Kein Problem: setzen Sie sich hin und machen Sie sich neue Runensteine. Die alten können Sie dann verschenken oder unbrauchbar machen. Kleben Sie nicht an ihnen fest.

Unsere Ahnen fertigten für jede Befragung, jedes Orakel extra neue Runenstäbe an, und dieser Hinweis möge uns daran erinnern, das Orakel nicht mit belanglosen Fragen zu nerven.

XI.

DEN EIGENEN ZUGANG
ZU DEN RUNEN FINDEN

Den eigenen Zugang zu den Runen finden

Es ist egal, ob man sich nun auf der magischen oder divinatorischen Ebene mit den Runen auseinandersetzen möchte. In beiden Fällen ist es sehr hilfreich und für eine professionelle Arbeit unabdingbar, sich einen eigenen Interpretationskatalog zu den einzelnen Runen zu erstellen. Wir benutzen dafür den umgekehrten Orakelweg: Wir fragen nicht nach dem unbekannten *wie*, sondern nach dem bereits Bekannten!

Stellen Sie sich eine bestimmte Situation vor, oder konzentrieren Sie sich auf ein Stichwort, wie zum Beispiel Liebe. Ziehen Sie dazu eine Rune und notieren Sie diese unter dem Stichwort. Erarbeiten Sie sich auf diese Art und Weise einen Katalog. Das Projekt wird eine Zeit lang dauern, vielleicht ein ganzes Jahr, vielleicht noch länger. Anschließend müssen Sie den Katalog umkehren, also die Stichworte wieder den Runen zuordnen und dann beginnt die eigentliche Arbeit: Anhand von Inspirationen, die sich durch die Ergebnisse einstellen werden, erlangen Sie Ihren eigenen Zugang zu den Runen und es werden sich weitere, analoge Bedeutungen ergeben. Nehmen Sie diese mit in Ihren Katalog auf. Letztendlich werden Sie erkennen, daß sich Prinzipien abzeichnen und wenn Sie einmal da angekommen sind, wird Ihnen die Interpretation der Runen zukünftig wie ein Kinderspiel vorkommen.

XII.

ENTSPRECHUNGSTABELLE

Rune	Zahl	Name (germanisch)	Name (urnordisch)	Name (altenglisch)	Gott/Göttin/ Wesenheit
ᚠ	1	FEHU	FEHU	FEOH	Freyr, Freyja
ᚢ	2	URUZ	URUZ	UR	Audhumla
ᚦ	3	THURISAZ	THURISAR	THORN	Donar/Thor
ᚨ	4	ANSUZ	A(N)SUZ	OS	Wotan/Odin
ᚱ	5	RAIDHO	RAIDU	RAD	Forseti
ᚲ	6	KENAZ	KAUNA	CEN	Bil, der Mond
ᚷ	7	GEBO	GEBU	GYFU	Freyja & Freyr
ᚹ	8	WUNJO	WUNJU	WYN	Frigg & Donar
ᚺ	9	HAGALAZ	HAGLAZ	HÆGL	Frau Holle/Hel
ᚾ	10	NAUDIZ	NAUDIZ	NYD	Die Nornen
ᛁ	11	ISA	ISAZ	IS	Die Reifriesen
ᛃ	12	JERA	JARA	GER	Groa
ᛇ	13	EIWAZ	IWAZ	EOH	Loki
ᛈ	14	PERTHRO	PERTHU	PEORÐ	Die Disen
ᛉ	15	ALGIZ	ALGIZ	EOLHX	Bragi
ᛋ	16	SOWILO	SOWILU	SIGEL	Balder
ᛏ	17	TIWAZ	TIWAZ	TIR	Tyr
ᛒ	18	BERKANA	BERKANA	BEORC	Frigg
ᛖ	19	EHWAZ	EHWAZ	EOH	Sleipnir
ᛗ	20	MANNAZ	MANNAZ	MAN	Ask & Embla
ᛚ	21	LAGUZ	LAGUZ	LAGU	Njord
ᛜ	22	INGUZ	INGWAZ	ING	Ostara
ᛞ	23	DAGAZ	DAGAZ	DÆG	Veleda
ᛟ	24	OTHALA	OTHALA	ETHEL	Fylgien

Entsprechungstabelle

Baum	Heilkraut	Raum für eigene Notizen Beobachtungen, Erfahrungen, Ergänzungen
Birke	Brennessel	
Erle	Eichenrinde	
Eiche	Löwenzahn	
Eibe	Fliegenpilz	
Esche	Wegerich	
Tanne, Fichte	Efeu	
Kiefer	Johanniskraut	
Linde	Flachs, Hanf, Lein	
Holunder	Holunder	
Wacholder	Eisenkraut	
Douglasie	Blutwurz	
Haselnuß	Ackerschachtelhalm	
Thuja (Lebensbaum)	Vogelmiere	
Weissdorn	Leinkraut	
Weide	Gundermann	
Apfelbaum	Ringelblume	
Ulme	Klette	
Birke	Frauenmantel	
Kastanie	Wermut	
Walnußbaum	Königskerze	
Weide	Salbei	
Sanddorn	Thymian	
Eberesche	Erdrauch	
Buche, Linde	Johannisbeere	

Entsprechungstabelle

Anhang

Weiterführende Literatur

• Jan Fries: Helrunar. Ein Handbuch der Runenmagie.
Edition Ananael.

• Igor Warneck: Ruf der Runen. Eine tiefgehende, persönliche Einführung in die Geheimnisse der Runen.
Schirner Verlag.

• Freya Aswynn: Die Blätter von Yggdrasil.
Edition Ananael.

• Edred Thorsson: Runenkunde. Ein Handbuch der esoterischen Runenlehre.
Urania Neuhausen.

• Edred Thorsson: Handbuch der Runenmagie.
Urania Neuhausen.

• Ralph Tegtmeier: Runen - Alphabet der Erkenntnis.
Urania Neuhausen.

• Voenix (d.i. Thomas Voemel): Magie der Runen. Buch mit 25 Runenkarten.
Urania Neuhausen.

Kontakt zum Autor

Email: igorwarneck@amanita.de

Internet: http://www.amanita.de

Bezugsquelle für Runensets

Runen aus Ton

Seit ca. dreieinhalb Jahren stellt die Firma *Dreistein* Runensteine aus Ton her. Auf dem Weg dieser Herstellung folgt *Dreistein* den vier Elementen Erde, Feuer, Wasser und Luft. Der Ton, entsprechend dem Element Erde, wird von Hand geformt und es entstehen daraus die 24 Runensteine. Nachdem die 24 Runenzeichen eingeritzt wurden, werden sie nach der traditionellen Brennart Raku gebrannt, und sind damit durch das Element Feuer gegangen. Nach dem Brand werden sie im Element Wasser gereinigt und an der Sonne unter freiem Himmel luftig getrocknet.

Oben: Das Ritzen der Runen in den noch weichen Ton.
Unten: Die Runensteine vor dem ersten Brand.

Oben: Der erste Brand ist fertig.
Unten: Die Runensteine werden in die mit organischem Material
gefüllten Behälter eingelegt und erhalten hier ihre typische
Farbe und den archaischen Rauch-Geruch.

Oben & Mitte: Waschen der Runensteine im Wildbach.

Unten: Die Runensteine der Firma Dreistein.

Raku ist eine alte japanische Brenntechnik aus dem 16. Jahrhundert. Das Wort Raku bedeutet soviel wie Freude, Heiterkeit. Die glasierte Ware wird bei einer Temperatur von 900°C – 950°C gebrannt. Nach Erreichen der Brenntemperatur werden die Stücke mit einer langen Zange aus dem Ofen gezogen. Die glühenden Tonstücke werden dann in Behälter gelegt, die mit organischen Stoffen (Stroh, Laub, Sägespäne) gefüllt sind. Das Material entzündet sich und die Behälter werden verschlossen. Es entsteht eine Verbrennung unter Sauerstoffabschluß, die eine besondere Auswirkung auf die Farbe und den Geruch der Keramik hat. Original wird Raku glasiert, die Runen von Dreistein sind jedoch unglasiert. Maße eines Runensteins ca. 25 x 30 mm. Das Set wird in einem Lederbeutel geliefert.

Preis eines Sets: 78,00 DM.

Bezugsquelle für das Runenset
GAIA-Versand
für Naturreligion, Schamanismus und Spirituelle Ökologie
Mühle im Hexengrund, D-07407 Engerda,
Tel.: 036743-23312, Fax: 036743-23317,
e-mail: service@gaia-versand.de
Homepage: www.gaia-versand.de

bei ARUN erschienen:

Vicky Gabriel

Der Alte Pfad

Wege zur Natur in uns selbst

Ein ausgezeichneter Ratgeber für alle,
die ihr Leben wieder den Rhythmen der Natur annähern wollen und dabei viele Fragen haben.
Viele verstehen sich heute nicht mehr als Teil der Natur.
Die Folgen: Selbstentfremdung, körperliche wie psychische Erkrankungen, Entwurzelung.
Jedem ist das klar, doch wo sind Alternativen?

Die Autorin plaudert aus ihrer Familientradition und beantwortet viele Fragen:
• Rituale: was ist das, wie geht das?
• Wie finde ich den eigenen Kraftort?
• Wie nehme ich Kontakt zu Naturgeistern und Elementarwesen auf?
• Wo steht mein Lebens- & Kraftbaum?
• Ist Ahnenkult modern oder wie finde ich Zugang zu den eigenen Wurzeln?
• Welche Botschaft haben die Feste des Jahres- und Lebenskreises?
• Darf ich eigene Riten erschaffen?

Vicky Gabriel begeistert den Leser mit einer lebendigen, bildreichen Sprache
und zeigt, wie man selbst mit kleinsten Ritualen die Mysterien
und die machtvolle Weisheit der Natur erfahren kann.

2. Auflage!

288 S., 3 s/w Abb., Broschur
ISBN 3-927940-55-0
29,80 DM/218,00 ÖS/27,40 SFR

pagan

bei ARUN erschienen:

Aidan Meehan

Celtic Design

Diese Praxisbuchreihe vermittelt dem Leser profunde Kenntnisse über den reichen Schatz keltischer Symbole und Motive. Gleichzeitig inspiriert es, eigene keltische Motive zu gestalten.

Zudem erfahren wir von Aidan Meehan fundiertes Wissen über den heidnischen wie christlichen Hintergrund der gezeigten Symbolik. Übersichtlich wird Schritt für Schritt das Entstehen eines Knotenmusters, Tiersymbols oder graphisch gestalteter Anfangsbuchstaben erklärt.

Jedes Buch wird damit zur unverzichtbaren Inspirationsquelle auf dem Weg zur Gestaltung keltischer Motive!

Handbuch für Einsteiger
160 Seiten, 258 s/w-Abb., ISBN 3-927940-46-1

Keltische Flechtmuster
160 Seiten, 434 s/w-Abb., ISBN 3-927940-47-X

Keltische Spiralmuster
160 Seiten, 400 s/w-Abb., ISBN 3-927940-48-8

Keltische Tiermuster
160 Seiten, 400 s/w-Abb., ISBN 3-927940-66-6

Keltische Buchstaben
160 Seiten, 300 s/w-Abb., ISBN 3-927940-67-4

Jedes Buch dieser Reihe:
Paperback, hochwertige Ausstattung.
29,80 DM/218,00 ÖS/27,40 SFR

celtic design

bei ARUN erschienen:

Voenix

Das germanische Götterorakel

Im Herbst 99 erschien das Buch *Weltenesche – Eschenwelten* als aufwendig gemachter Großband und hat seitdem begeisterte Reaktionen ausgelöst. Nun folgen die dazugehörigen Orakelkarten.

Jede der 81 germanischen Gottheiten oder göttlichen Archetypen wird auf einer farbigen Tarotkarte vorgestellt. Ausführliche Beschreibungen der zahlreichen Legesysteme finden sich im Buch oder im 48seitigen Begleitheft, unterteilt in die Bereiche Allgemein, Beruf und Partnerschaft. Sie geben schnelle Auskunft und ermöglichen den leichten Zugang zur eigenen Intuition und Erkenntnis.

Das Begleitheft gibt dem Suchenden einen raschen Überblick in die archetypischen Eigenschaften jeder Gottheit. Mit dem dem Orakel zugrundeliegenden psychologischen Profil ist es leicht, das mythische Gedankengut mit dem zeitgemäßen Wissen zu verweben.

Kartenset und Buch ergänzen sich jetzt auf ideale Weise, wenn es darum geht, einen neuen Schritt in die Welt der mythischen Bilder zu wagen, in welcher einem die alten Götter und ihre Widersacher nicht mehr als ausgelagerte, übermächtige Wesen begegnen, sondern als zeitlose Archetypen, deren Wirken wir im Alltag in mannigfaltiger Erscheinungsform wahrnehmen und ebenso in uns selbst beobachten können.

81 farbige Spielkarten, Beiheft (48 S.), Faltschachtel (75x105mm)
ISBN 3-927940-59-3
42,00 DM/328,00 ÖS/37,90 SFR

nordic design